München
1. Auflage 2005
ISBN 3-89883-130-2

Grafische Gestaltung	Georg Feigl
Foodfotografie	Susie Eising (andere Fotos siehe Bildnachweis)
Foodstyling	Monika Schuster
Coverfoto	Dr. Kai-Uwe Nielsen
Rezeptbearbeitung	Monika Reiter
Redaktion	Alexandra Schlinz, Gertrud Köhn, Kathrin Ullerich
Herstellung	Karin Mayer, Peter Karg-Cordes
Lithografie	Christine Rühmer
Druck & Bindung	Mohn Media · Mohndruck GmbH, Gütersloh

Besuchen Sie uns auch im Internet unter www.zsverlag.de
Weitere FC Bayern Fanartikel finden Sie unter www.fcbayern.de/shop

Das FC Bayern Kochbuch

ZABERT SANDMANN

T··Com·

Liebe Bayern-Fans!

Eine gute Küche ist wie eine gute Fußballelf – da muss alles zusammenpassen. Da darf nichts anbrennen, da braucht man ein bisserl Pfiff – und wenn zu wenig Pfeffer drin ist, dann ist das Essen fad und das Fußballspiel auch. Wenn aber alles harmoniert, alle gut zusammenspielen und das Timing stimmt, dann ist ein gutes Essen genau wie ein spannendes Match: ein Hochgenuss! Und weil Fußball- und Kochkunst so viel gemeinsam haben, bringe ich sie jetzt in diesem Buch zusammen.

Seit mehr als 15 Jahren koche ich nun schon für meinen Lieblingsverein, den FC Bayern München. Bei jedem Auswärtsspiel – früher im Europacup, jetzt in der Champions League – begleite ich das Team und bin mit von der Partie. Denn: Zu einem guten Training und einer optimalen Vorbereitung gehört auch eine gesunde, abwechslungsreiche Ernährung.

Dabei ist eines besonders wichtig: Die Zutaten müssen frisch und von bester Qualität sein. Nur dann ist Kochen wirklich eine runde Sache. Und was mir ebenfalls wichtig ist: Gehen Sie mit den Produkten genauso gefühlvoll um wie ein guter Fußballer mit seinem »Leder«. Der haut auch nicht einfach drauf, sondern »streichelt« den Ball. Für die Küche heißt das: Kochen Sie nicht zu heiß, damit die wertvollen Inhaltsstoffe der Lebensmittel erhalten bleiben, und gehen Sie auch sanft mit Gewürzen um – so wie mit einem guten Parfüm.

Bei den Rezepten zu diesem Buch habe ich mich von den Leibspeisen der Bayern-Stars inspirieren lassen: eine kreative Küche mit regionalem Einschlag, nicht nur für Sportler, sondern für alle, die gutes Essen zu schätzen wissen. Sie finden Salate und Nudeln, die ich den Spielern vor den Champions-League-Spielen serviere, damit sie Power und Ausdauer haben, aber auch Desserts, mit denen ich der Mannschaft die Siege versüße. Und natürlich gibt es Klassiker und feine Hausmannskost, wie sie zum Beispiel Franz Beckenbauer, Uli Hoeneß und Karl-Heinz Rummenigge lieben. Böfflamott, Kalbsgeschnetzeltes oder Wolfsbarsch mit Buttermilchschaum: kulinarische Steilpässe und gschmackige Volltreffer, die (nicht nur) Bayern-Fans begeistern werden.

Und ich verspreche Ihnen: Sie müssen nicht extra ins Trainingslager, um ein Champion in der Küche zu werden. Die Rezepte sind so ausführlich erklärt, dass sie garantiert gelingen und Sie bei Ihren Gästen mindestens drei Punkte sammeln können.

Viel Spaß beim Nachkochen wünscht Ihnen

Ihr Alfons Schuhbeck

FC BAYERN MÜNCHEN

1 Frühstück, Snacks & Drinks

Gegrilltes Müsli
mit frischen Früchten

Zutaten für 4 Personen:

70 g Mandelstifte
300 g kernige Haferflocken
200 ml Milch
100 ml Kokosmilch (aus der Dose)
150 g Naturjoghurt
4 EL Rosinen
1 EL Honig
Zimtpulver
1 Msp. Vanillemark
50 ml Orangensaft
1 Spritzer Zitronensaft
1 Msp. abgeriebene unbehandelte Orangenschale
1 Banane · 1 Birne
150 g frische Beeren (je nach Saison)
1 Apfel · 1 Nektarine
3 EL flüssige Butter
2 EL brauner Zucker

Zubereitung:

1 Die Mandeln in einer beschichteten Pfanne ohne Fett goldbraun rösten. Die Haferflocken mit Mandeln, Milch, Kokosmilch, Joghurt, Rosinen, Honig, 1 Prise Zimt, Vanillemark, Orangensaft, Zitronensaft und Orangenschale in einer großen Schüssel verrühren.

2 Die Banane schälen und in dünne Scheiben schneiden. Die Birne waschen, halbieren, entkernen und auf der Gemüsereibe raspeln. Mit der Banane unter das Müsli mischen.

3 Die Beeren verlesen, waschen, trockentupfen und ebenfalls unter das Müsli mischen. Das Müsli auf ofenfeste Portionsförmchen verteilen oder in eine große Auflaufform füllen.

4 Den Backofengrill einschalten. Den Apfel waschen, vierteln und entkernen. Die Nektarine waschen, halbieren und entsteinen. Beides in dünne Scheiben schneiden und diese abwechselnd leicht überlappend auf das Müsli legen. Mit der Butter bepinseln und mit dem Zucker bestreuen. Das Müsli auf der obersten Schiene etwa 2 Minuten unter dem Grill goldbraun karamellisieren.

Der Meister-Tipp

Je nach Jahreszeit kann man das Müsli auch mit anderen Früchten wie Mandarinen, Erdbeeren und Trauben oder auch mit »Exoten« wie Mango oder Papaya zubereiten.

Knuspermüsli
mit Zimt und Rosinen

Zutaten für 4 Personen:

90 g kernige Haferflocken
200 g kernige, gemischte Flocken (z. B. Weizen-, Dinkel- und Roggenflocken)
40 g Kokoschips
3 EL Rosinen
80 g brauner Rohrzucker
100 g Nüsse (grob gehackt)
1/2 TL Zimtpulver
100 g Butter
1 EL flüssiger Honig
abgeriebene Schale von 1/2 unbehandelten Orange
1 Msp. Vanillemark

Zubereitung:

1 Den Backofen auf 180 °C vorheizen. Die Haferflocken, die gemischten Flocken, die Kokoschips und die Rosinen in einer großen Schüssel mit dem braunen Zucker, den Nüssen und dem Zimt mischen.

2 Die Butter mit dem Honig in einem kleinen Topf bei milder Hitze zerlassen. Die Orangenschale und das Vanillemark unterrühren. Die Honig-Butter-Mischung zu den Zutaten in der Schüssel geben und untermischen.

3 Die Müslimischung gleichmäßig auf ein mit Backpapier ausgelegtes Backblech streichen und im vorgeheizten Ofen auf der mittleren Schiene etwa 10 Minuten hellbraun backen.

4 Das Knuspermüsli aus dem Ofen nehmen, abkühlen lassen und in grobe Stücke brechen. Das Müsli nach Belieben mit Milch und frischen Früchten servieren.

Der Meister-Tipp

Je nach Geschmack mischt man in das Knuspermüsli Mandeln, Walnüsse oder Cashewkerne. Man kann sich auch einen kleinen Vorrat anlegen: Die gebackenen Müslistücke halten sich in einem luftdichten Behälter etwa 10 Tage.

Karottenmuffins
mit Haselnüssen

Zutaten für 12 Stück:

80 g gemahlene Haselnüsse
140 g Karotten
2 Eier
100 g Buttermilch
Mark von 1 Vanilleschote
½ TL abgeriebene unbehandelte Zitronenschale
Salz · 110 g Zucker
100 g Mehl
1 TL Backpulver
Puderzucker zum Bestäuben

Zubereitung:

1 Den Backofen auf 180 °C vorheizen. In die Vertiefungen eines Muffinbackblechs Papierförmchen setzen.

2 Die Haselnüsse in einer beschichteten Pfanne ohne Fett bei milder Hitze leicht anrösten und abkühlen lassen. Die Karotten schälen und auf der Gemüsereibe fein raspeln.

3 Die Eier trennen. Die Eigelbe mit der Buttermilch verrühren, Karotten, Vanillemark und Zitronenschale untermischen. Die Eiweiße mit 1 Prise Salz und dem Zucker steif schlagen.

4 Das Mehl mit dem Backpulver in eine Schüssel sieben und mit den gerösteten Nüssen mischen. Die Mehl-Nuss-Mischung mit der Eigelbmischung verrühren und den Eischnee unterheben.

5 Den Teig in die Vertiefungen des Muffinbackblechs füllen und die Karottenmuffins im vorgeheizten Ofen auf der unteren Schiene etwa 25 Minuten backen. Aus dem Ofen nehmen, kurz abkühlen lassen und aus der Form lösen. Mit Puderzucker bestäubt servieren.

Der **Meister**-Tipp

Die Prise Salz gibt dem Eischnee Stabilität, macht ihn luftiger und verleiht den Muffins zusätzlich Geschmack.

Feigen-Joghurt
mit Datteln und Minze

Zutaten für 4 Personen:

3 Feigen
6 Datteln
200 g Himbeeren
4 Minzeblätter
40 g Pekannüsse
(ersatzweise Mandeln)
600 g Naturjoghurt
2 EL flüssiger Honig

Zubereitung:

1 Die Feigen waschen, trockentupfen und in Spalten schneiden. Von den Datteln die Schale abziehen, die Früchte halbieren, entsteinen und nochmals längs halbieren. Die Himbeeren verlesen, waschen und trockentupfen. Die Minzeblätter in feine Streifen schneiden. Die Pekannüsse in einer beschichteten Pfanne ohne Fett leicht anrösten.

2 Den Joghurt glatt rühren und die Minze untermischen. 8 Feigenspalten, 4 Dattelviertel und 12 Himbeeren zum Garnieren beiseite legen. Die restlichen Früchte mit dem Joghurt auf Dessertschalen verteilen. Mit Feigen, Datteln, Himbeeren und den gerösteten Pekannüssen garnieren und mit Honig beträufelt servieren.

Der **Meister**-Tipp

Frische Datteln bekommt man in gut sortierten Obsthandlungen fast das ganze Jahr über. Sie haben eine feste Schale, die sich leicht lösen und abziehen lässt. Getrocknete Datteln müssen nicht geschält werden.

Rote-Bete-Drink
mit Birnen und Karotten

Zutaten für 4 Personen:

3 mittelgroße Rote Beten
2 Karotten
5 mittelgroße reife Birnen
1–2 TL mildes Olivenöl
(ersatzweise Sonnenblumenöl)
einige Spritzer Zitronensaft
Pfeffer aus der Mühle

Zubereitung:

1 Die Roten Beten und die Karotten putzen, schälen und in kleine Stücke schneiden. Die Birnen waschen, vierteln, entkernen und in Spalten schneiden. Alles in der Saftpresse entsaften.

2 Das Olivenöl unter den Saft mixen und den Drink mit Zitronensaft abschmecken.

3 Den Drink in Longdrinkgläser füllen und vor dem Servieren etwas Pfeffer grob darüber mahlen.

Buttermilch-Shake
mit Erdbeeren und Heidelbeeren

Zutaten für 4 Personen:

350 g Erdbeeren
125 g Heidelbeeren
500 g Buttermilch
2 EL Zucker
Zimtpulver
1 Msp. Vanillemark
einige Spritzer Zitronensaft
4 Minzeblätter

Zubereitung:

1 Die Erdbeeren waschen, putzen und vierteln, 4 kleinere Erdbeeren zum Garnieren beiseite legen. Die Heidelbeeren verlesen, waschen und auf einem Sieb abtropfen lassen.

2 Die Erdbeeren mit der Buttermilch, 200 ml kaltem Wasser, dem Zucker, 1 Prise Zimt und dem Vanillemark in einen hohen Rührbecher geben, mit dem Stabmixer pürieren und mit Zitronensaft abschmecken.

3 Den Shake in Gläser füllen und die Heidelbeeren dazugeben. Mit der Minze und den Erdbeeren garniert servieren.

Apfel-Papaya-Drink
mit Melone und Sellerie

Zutaten für 4 Personen:

2 reife Papayas
½ Honigmelone
5 Stangen Staudensellerie
4 aromatische Äpfel
(z. B. Elstar oder Cox Orange)
2 TL mildes Olivenöl
Cayennepfeffer

Zubereitung:

1 Die Papayas schälen, halbieren und entkernen. Die Melone halbieren, entkernen und das Fruchtfleisch von der Schale schneiden. Das Papaya- und Melonenfruchtfleisch jeweils in kleine Stücke schneiden.

2 Den Staudensellerie putzen und waschen, die Blätter zum Garnieren beiseite legen. 3 Selleriestangen in kleine Stücke schneiden, die restlichen längs halbieren und beiseite legen.

3 Die Äpfel waschen, vierteln, entkernen und in Spalten schneiden. Die Apfelspalten und die Selleriestücke in der Saftpresse entsaften.

4 Das Papaya- und Melonenfruchtfleisch mit 300 ml kaltem Wasser in einen hohen Rührbecher geben und mit dem Stabmixer fein pürieren. Den Apfel-Sellerie-Saft, das Olivenöl und 1 Prise Cayennepfeffer dazugeben und alles nochmals kurz durchmixen.

5 Den Saft in Longdrinkgläser füllen und je ½ Selleriestange zum Umrühren hineinstecken. Mit den Sellerieblättern garnieren.

Der **Meister**-Tipp

Für die Zubereitung sollten die Früchte möglichst gekühlt sein. Ansonsten kann man auch ein paar Eiswürfel unter den Drink mixen. Übrigens: Das Olivenöl sorgt dafür, dass die fettlöslichen Vitamine vom Körper besser verwertet werden.

Vitaminbrot
mit Rucola und Mozzarella

Zutaten für 4 Personen:

1/2 Bund Rucola
8 kleine Romanasalatblätter
1/2 Karotte · 2 Tomaten
2 Kugeln Mozzarella (à 125 g)
einige Basilikumblätter
4 Scheiben Bauernbrot (à ca. 50 g)
4 EL FC-Bayern-Dressing (siehe Seite 50)
8 hauchdünne Scheiben Putenschinken (ersatzweise Hinterschinken, Bresaola oder Parmaschinken)
Fleur de sel (ersatzweise Salz)
Pfeffer aus der Mühle
mildes Olivenöl zum Beträufeln

Zubereitung:

1 Den Rucola verlesen, waschen und trockenschleudern, grobe Stiele entfernen. Die Salatblätter waschen, trockenschleudern und halbieren.

2 Die Karotte schälen und auf der Gemüsereibe raspeln. Die Tomaten waschen und in Scheiben schneiden, dabei die Stielansätze entfernen. Den Mozzarella abtropfen lassen und ebenfalls in Scheiben schneiden. Die Basilikumblätter waschen und trockenschütteln.

3 Die Brotscheiben im Toaster oder im Backofen goldbraun rösten und auf Teller legen. Die Salatblätter, den Rucola und die Karottenraspel mit dem FC-Bayern-Dressing marinieren, auf den Broten verteilen und mit den Schinkenscheiben belegen.

4 Die Tomaten- und die Mozzarellascheiben abwechselnd auf den Schinkenscheiben verteilen und mit Fleur de sel und Pfeffer würzen. Jeweils etwas Olivenöl darüber träufeln und die Vitaminbrote mit den Basilikumblättern garnieren.

Der Meister-Tipp

Fleur de sel ist vollwertiges Meersalz, das sich als oberste Schicht auf Salzbetten bildet und von Hand geerntet wird. Es ist feinkörnig und kann direkt auf Steaks, kurz gebratenes Fleisch, Tomaten oder Mozzarella gestreut werden.

Dreierlei Brotaufstriche

Zutaten für 4 Personen:

Für den Auberginenaufstrich:

1 große Aubergine
Salz · 3 EL Olivenöl
3 eingelegte Sardellenfilets
½ Zwiebel
1 Msp. Knoblauch (gehackt)
150 g Frischkäse
1 TL eingelegte Kapern
Cayennepfeffer

Für den Tomatenaufstrich:

250 g Frischkäse
1 EL weiche Butter
3 EL lauwarme braune Butter (siehe Tipp Seite 45)
1 EL Sahne
60 g eingelegte getrocknete Tomaten · ½ Bund Rucola
Salz · Pfeffer aus der Mühle
Cayennepfeffer
einige Spritzer Zitronensaft

Für den Ziegenkäseaufstrich:

2 Frühlingszwiebeln · 7 weiche getrocknete Aprikosen
250 g Ziegenfrischkäse
8 EL Sahne · 1 EL braune Butter (siehe Tipp Seite 45)
½–1 EL Honig
1 TL Minze (fein gehackt)
Salz · Cayennepfeffer

Zubereitung:

1 Für den Auberginenaufstrich den Backofen auf 200 °C vorheizen. Die Aubergine putzen, waschen, längs halbieren und das Fruchtfleisch über Kreuz einschneiden. Die Auberginenhälften mit der Schnittfläche nach oben auf ein Backblech legen, mit Salz bestreuen, mit 2 EL Olivenöl beträufeln und im vorgeheizten Ofen auf der mittleren Schiene 20 bis 30 Minuten garen. Das Fruchtfleisch mit einem Löffel auslösen und grob hacken.

2 Die Sardellenfilets in feine Streifen schneiden, die Zwiebel schälen und in kleine Würfel schneiden. Das restliche Öl in einer Pfanne erhitzen, die Zwiebelwürfel und den Knoblauch darin bei milder Hitze anschwitzen. Die Aubergine, die Sardellen, den Frischkäse und die Kapern unterrühren und den Aufstrich mit Salz und Cayennepfeffer abschmecken.

3 Für den Tomatenaufstrich den Frischkäse mit der Butter, der braunen Butter und der Sahne verrühren. Die Tomaten abtropfen lassen und in kleine Würfel schneiden. Den Rucola verlesen, waschen und trockenschleudern, grobe Stiele entfernen. Die Rucolablätter klein schneiden. Die Tomaten und den Rucola unter den Frischkäse rühren und den Aufstrich mit Salz, Pfeffer, Cayennepfeffer und Zitronensaft abschmecken.

4 Für den Ziegenkäseaufstrich die Frühlingszwiebeln putzen, waschen und in dünne Ringe schneiden. Die Aprikosen in kleine Würfel schneiden. Den Ziegenfrischkäse mit der Sahne verrühren. Frühlingszwiebeln, Aprikosen, braune Butter, Honig und Minze untermischen und den Aufstrich mit Salz und Cayennepfeffer abschmecken.

5 Die Aufstriche mit geröstetem Bauernbrot servieren. Dafür die Brotscheiben entweder unter dem Backofengrill oder in einer Pfanne ohne Fett auf beiden Seiten anrösten.

Strammer Max

Zutaten für 2 Personen:

2 Scheiben Bauernbrot
1–2 TL Butter
Salz · 4 Eier
2–4 Salatblätter
1–2 EL FC-Bayern-Dressing
(siehe Seite 50)
4 Scheiben gekochter Hinterschinken
Pfeffer aus der Mühle
1/2 EL Schnittlauchröllchen

Zubereitung:

1 Die Brotscheiben in einer Pfanne ohne Fett auf beiden Seiten anrösten und warm halten.

2 Für die Spiegeleier eine beschichtete Pfanne erhitzen, die Butter hineingeben, bei milder Hitze zerlassen und mit etwas Salz würzen. Die Eier in die Pfanne aufschlagen und mehr durchziehen lassen als braten. Die Salatblätter waschen und trockenschütteln.

3 Die Brotscheiben auf vorgewärmte Teller legen. Die Salatblätter darauf legen und mit dem FC-Bayern-Dressing beträufeln. Mit jeweils 2 Schinkenscheiben belegen und je 2 Spiegeleier darauf setzen. Mit Pfeffer würzen und mit Schnittlauch bestreuen.

Der **Meister**-Tipp

Wenn man die Spiegeleier bei sehr milder Hitze in einer beschichteten Pfanne zubereitet, garen sie schön gleichmäßig und lassen sich leicht aus der Pfanne lösen.

Fleischpflanzerl
mit Zwiebelsenf

Zutaten für 4 Personen:

Für die Fleischpflanzerl:

80 g Toastbrot
100 ml Milch
1 kleine Zwiebel
1 EL Butter · 2 Eier
2 TL scharfer Senf
abgeriebene Schale von
je ½ unbehandelten
Zitrone und Orange
je 250 g Kalbs- und
Schweinehackfleisch
Salz · Pfeffer aus der Mühle
getrockneter Majoran
frisch geriebene Muskatnuss
1 EL Petersilie (grob gehackt)
Öl zum Anbraten

Für den Zwiebelsenf:

2 kleine Zwiebeln · Salz
100 g scharfer Senf
50 g süßer Senf

Zubereitung:

1 Für die Fleischpflanzerl das Toastbrot entrinden, in Würfel schneiden und in der Milch einweichen. Die Zwiebel schälen und in kleine Würfel schneiden. Die Butter in einer Pfanne zerlassen und die Zwiebelwürfel darin bei milder Hitze glasig anschwitzen. Die Eier mit dem Senf und der Zitronen- und Orangenschale in einen hohen Rührbecher geben und mit dem Stabmixer verrühren.

2 Beide Hackfleischsorten mit dem eingeweichten Brot, der Eier-Senf-Mischung und den Zwiebelwürfeln gut mischen. Die Hackfleischmasse mit Salz, Pfeffer, Majoran, Muskatnuss und Petersilie würzen. Aus der Masse mit angefeuchteten Händen kleine Fleischpflanzerl formen. Das Öl in einer Pfanne erhitzen und die Fleischpflanzerl darin bei mittlerer Hitze auf beiden Seiten goldbraun braten. Aus der Pfanne nehmen und auf Küchenpapier abtropfen lassen.

3 Für den Zwiebelsenf die Zwiebeln schälen, in kleine Würfel schneiden und 1 bis 2 Minuten in kochendem Salzwasser bissfest blanchieren. In ein Sieb abgießen, kalt abschrecken und abtropfen lassen. Die Zwiebelwürfel in ein Küchentuch geben und das restliche Wasser ausdrücken.

4 Die beiden Senfsorten mit den blanchierten Zwiebeln mischen. Die Fleischpflanzerl mit dem Zwiebelsenf auf vorgewärmten Tellern als kleine Brotzeit anrichten.

Der **Meister**-Tipp

Kalbs- und Schweinehackfleisch können Sie durch die gleiche Menge Hackfleisch von Wild, Lamm oder Geflügel ersetzen.

FC BAYERN

Bauernomelett
mit Bohnen und Speck

Zutaten für 4 Personen:

500 g vorwiegend
fest kochende Kartoffeln
Salz · 1 Zwiebel
80 g Bergkäse
120 g durchwachsener Speck
80 g feine grüne Bohnen
(Keniabohnen)
½ Bund Rucola
1 EL Butter
5 Eier
50 ml Milch
Pfeffer aus der Mühle
Cayennepfeffer
frisch geriebene Muskatnuss
getrocknetes Bohnenkraut

Zubereitung:

1 Die Kartoffeln schälen und in ½ cm dicke Scheiben schneiden. In reichlich kochendem Salzwasser etwa 20 Minuten garen, in ein Sieb abgießen und ausdampfen lassen.

2 Die Zwiebel schälen und in kleine Würfel schneiden. Den Käse ebenfalls in kleine Würfel, den Speck quer in Streifen schneiden. Die Bohnen putzen, waschen und in 3 cm lange Stücke schneiden. In kochendem Salzwasser bissfest blanchieren, in ein Sieb abgießen, kalt abschrecken und abtropfen lassen. Den Rucola verlesen, waschen und trockenschleudern, grobe Stiele entfernen. Die Rucolablätter klein schneiden.

3 Den Backofen auf 180 °C vorheizen. Die Butter in einer ofenfesten Pfanne zerlassen und die Zwiebelwürfel darin hellbraun anbraten. Die Kartoffelscheiben mit dem Speck, den Bohnen, dem Rucola und den Käse untermischen.

4 Die Eier mit der Milch verquirlen, mit Salz und Pfeffer und je 1 Prise Cayennepfeffer, Muskatnuss und Bohnenkraut würzen. Die Eiermischung in die Pfanne gießen und alles gleichmäßig verteilen. Das Omelett noch etwa ½ Minute auf dem Herd lassen, dann im vorgeheizten Ofen auf der mittleren Schiene etwa 20 Minuten fertig garen.

5 Das Bauernomelett aus der Pfanne auf eine Platte stürzen, in Stücke schneiden und noch warm servieren.

Der Meister-Tipp

Damit sich das Omelett gut stürzen lässt, verwendet man am besten eine beschichtete Pfanne.

Eierpfännchen
mit Brokkoli und Käse

Zutaten für 8 Personen:

350 g Brokkoli · Salz
2 rote türkische Peperoni
2 Schalotten
4 EL mildes Olivenöl
50 g Salami (in Scheiben)
300 g passierte Tomaten (aus der Dose)
100 ml Geflügelbrühe
Cayennepfeffer · Zucker
1 Stück Zimtrinde
1/2 Knoblauchzehe (geschält)
1/2 TL eingelegte Kapern
8 Eier
150 g Taleggio (in Scheiben; ersatzweise anderer gut schmelzender Käse)
Pfeffer aus der Mühle

Zubereitung:

1 Den Brokkoli putzen, waschen und in kleine Röschen teilen, den Stiel schälen und in Scheiben schneiden. Beides separat in kochendem Salzwasser bissfest blanchieren, in ein Sieb abgießen, kalt abschrecken und abtropfen lassen. Die Peperoni halbieren, entkernen, waschen und quer in dünne Streifen schneiden. Die Schalotten schälen und in Streifen schneiden. In einer Pfanne 1 EL Olivenöl erhitzen, die Schalotten und die Peperoni darin glasig anschwitzen. Die Salamischeiben achteln.

2 Den Backofen auf 180 °C vorheizen. Die Tomaten mit der Geflügelbrühe in einem kleinen Topf aufkochen lassen. Das restliche Olivenöl mit dem Stabmixer untermixen, mit Salz, Cayennepfeffer und Zucker würzen. Den Zimt und den Knoblauch dazugeben, einige Minuten in der Sauce ziehen lassen und wieder entfernen. Den Brokkoli, die Schalotten- und die Peperonistreifen, die Kapern und die Salamistücke unter die Tomatensauce rühren.

3 Die Gemüse-Tomaten-Sauce auf acht kleine Auflaufförmchen (à 150 bis 200 ml Inhalt) verteilen. Jeweils 1 Ei darüber aufschlagen, mit dem Käse belegen und im vorgeheizten Ofen auf der mittleren Schiene etwa 20 Minuten überbacken. Vor dem Servieren etwas Pfeffer grob über die Eierpfännchen mahlen.

Der **Meister**-Tipp

Die Eierpfännchen eignen sich gut für einen Brunch: Man kann das Gemüse schon am Vorabend vorbereiten und über Nacht zugedeckt im Kühlschrank aufbewahren.

Rostbratwürstel
auf Kokos-Curry-Kraut

Zutaten für 4 Personen:

Für das Kokos-Curry-Kraut:

2 Zwiebeln · 2 EL Öl
1 kg Sauerkraut
100 ml Weißwein
350 ml Geflügelbrühe
150 g Kokosmilch (aus der Dose)
1 TL schwarze Pfefferkörner
1 kleine getrocknete Chilischote
1 Lorbeerblatt
6 Wacholderbeeren
4 EL Apfelmus
Salz · 1 TL Zucker
½–1 EL »Schuhbecks Curry« (ersatzweise Madras-Currypulver)
1–2 EL Butter

Für die Rostbratwürstel:

1–2 EL Öl
24 Nürnberger Rostbratwürste

Zubereitung:

1 Für das Kokos-Curry-Kraut die Zwiebeln schälen und in kleine Würfel schneiden. In einem Topf 1 EL Öl erhitzen und die Zwiebelwürfel darin bei milder Hitze glasig anschwitzen. Das Sauerkraut hinzufügen und mitschwitzen lassen. Den Weißwein dazugießen und etwas einköcheln lassen. Die Geflügelbrühe und die Kokosmilch hinzufügen und das Sauerkraut zugedeckt bei milder Hitze etwa 45 Minuten schmoren lassen.

2 Die Pfefferkörner, die Chilischote, das Lorbeerblatt und die Wacholderbeeren in ein Gewürzsäckchen füllen (siehe Tipp Seite 78) und 15 Minuten vor Ende der Garzeit zum Kraut geben. Zuletzt das Apfelmus hinzufügen und das Kraut mit Salz, Zucker und Curry abschmecken. Das Gewürzsäckchen entfernen und die Butter unterrühren.

3 Für die Rostbratwürstel das Öl in einer Pfanne erhitzen und die Würste darin portionsweise bei mittlerer Hitze auf beiden Seiten braten. Herausnehmen, auf Küchenpapier abtropfen lassen und mit dem Kokos-Curry-Kraut auf vorgewärmten Tellern anrichten.

Der **Meister**-Tipp

Das Apfelmus rundet das Kokos-Sauerkraut geschmacklich hervorragend ab. Wenn man das Kraut bei milder Hitze schmoren lässt, kann es nicht anbrennen und man spart sich das häufige Umrühren.

Gebackene Weißwurstradeln
auf Linsengemüse

Zutaten für 4 Personen:

Für das Linsengemüse:

1/2 Zwiebel
50 g durchwachsener Speck
1 EL Öl
150 g Berglinsen
(kleine grüne Linsen)
1/2–1 EL Tomatenmark
1/2 l Geflügelbrühe
je 30 g Karotte,
Knollensellerie und Lauch
getrockneter Majoran
1 TL Puderzucker
2 EL Aceto balsamico
1/2 Knoblauchzehe
1 Scheibe Ingwer
1 Splitter Zimtrinde
1 kleiner Streifen
unbehandelte Orangenschale
1 EL braune Butter
(siehe Tipp Seite 45)
Salz · Cayennepfeffer

Für die Weißwurstradeln:

6 Weißwürste · 2 Eier
Salz · Pfeffer aus der Mühle
1 Spritzer Zitronensaft
100 g doppelgriffiges Mehl
100 g Semmelbrösel
Öl zum Braten

Zubereitung:

1 Für das Linsengemüse die Zwiebel schälen und ebenso wie den Speck in kleine Würfel schneiden. Das Öl in einer Pfanne erhitzen, die Zwiebel- und die Speckwürfel darin bei milder Hitze anbraten. Die Linsen hinzufügen und das Tomatenmark unterrühren. Die Geflügelbrühe dazugießen und alles etwa 30 Minuten köcheln lassen.

2 Das Gemüse putzen und waschen bzw. schälen und in kleine Würfel schneiden. Zu den Linsen geben, mit 1 Prise Majoran würzen und weitere 10 Minuten fertig garen.

3 Inzwischen den Puderzucker in einer kleinen Pfanne bei milder Hitze hell karamellisieren lassen, mit dem Essig ablöschen und etwas einköcheln lassen.

4 Den Knoblauch, den Ingwer, den Zimt und die Orangenschale zum Linsengemüse geben und den Eintopf mit dem eingekochten Essig, der braunen Butter, Salz und Cayennepfeffer abschmecken. Alle ganzen Gewürze wieder entfernen.

5 Für die Weißwurstradeln von den Weißwürsten die Haut abziehen und die Würste schräg in 1 1/2 bis 2 cm dicke Scheiben schneiden. Die Eier in einem tiefen Teller verquirlen und mit Salz, Pfeffer und Zitronensaft würzen. Das Mehl und die Semmelbrösel ebenfalls auf je einen tiefen Teller verteilen. Die Weißwurstscheiben erst im Mehl wenden, dann vorsichtig durch die verquirlten Eier ziehen und zuletzt mit den Semmelbröseln panieren.

6 In eine Pfanne fingerhoch Öl gießen und erhitzen. Die Weißwurstscheiben darin bei mittlerer Hitze auf beiden Seiten goldbraun braten. Herausnehmen und auf Küchenpapier abtropfen lassen.

7 Das Linsengemüse auf vorgewärmte Teller verteilen und die Weißwurstradeln darauf anrichten.

Reiberdatschi
mit Schnittlauchquark

Zutaten für 8–10 Stück:

Für die Reiberdatschi:

500 g vorwiegend fest kochende Kartoffeln · 2 Eigelb
Salz · Pfeffer aus der Mühle
frisch geriebene Muskatnuss
1–2 EL Öl zum Braten

Für den Schnittlauchquark:

50 g durchwachsener Speck
1 EL Öl · 250 g Quark
5 EL Sahne · 1 TL scharfer Senf
2 EL Schnittlauchröllchen
einige Spritzer Zitronensaft
Salz · Cayennepfeffer
Zucker

Für das Apfelmus:

4 Äpfel (ca. 700 g)
4 EL Zucker
1/2 ausgekratzte Vanilleschote
1 1/2 cm Zimtrinde
1 Streifen unbehandelte Zitronenschale

Zubereitung:

1 Für die Reiberdatschi die Kartoffeln schälen, auf der Gemüsereibe in feine Streifen raspeln und mit den Händen den Saft ausdrücken. Die Eigelbe mit den Kartoffelraspeln mischen, mit Salz, Pfeffer und 1 Prise Muskatnuss würzen.

2 Das Öl in einer Pfanne erhitzen. Aus der Kartoffelmasse kleine flache Küchlein (6 bis 7 cm Durchmesser) formen und portionsweise im heißen Öl bei milder Hitze auf beiden Seiten 4 bis 5 Minuten braten. Herausnehmen und auf Küchenpapier abtropfen lassen.

3 Für den Schnittlauchquark den Speck in kleine Würfel schneiden. Das Öl in einer Pfanne erhitzen, die Speckwürfel darin kross braten und auf Küchenpapier abtropfen lassen.

4 Den Quark mit der Sahne und dem Senf glatt rühren, den Schnittlauch und die Speckwürfel untermischen. Den Schnittlauchquark mit Zitronensaft, Salz, Cayennepfeffer und 1 Prise Zucker würzen.

5 Für das Apfelmus die Äpfel schälen, vierteln, entkernen und in etwa 2 cm große Würfel schneiden. In einen Topf geben, 1/8 l Wasser dazugießen, den Zucker und die Vanilleschote hinzufügen. Die Apfelwürfel zugedeckt bei milder Hitze etwa 20 Minuten weich dünsten. Die Vanilleschote entfernen und die Äpfel samt Garflüssigkeit im Küchenmixer oder mit dem Stabmixer pürieren. Den Zimt und die Zitronenschale hinzufügen und das Apfelmus abkühlen lassen, bis es lauwarm ist. Zimt und Zitronenschale wieder entfernen und das Apfelmus nach Belieben mit Zitronensaft abschmecken.

6 Die Reiberdatschi nebeneinander auf eine Servierplatte legen und den Schnittlauchquark oder das Apfelmus daneben anrichten.

Der **Meister**-Tipp

Für die Reiberdatschi sollten die geriebenen Kartoffeln möglichst trocken sein. Man kann sie zusätzlich noch in einem sauberen Küchentuch ausdrücken.

FC BAYERN MÜNCHEN

Vorspeisen 2
& Salate

Matjesfilet
mit Radieserl-Bohnen-Salat

Zutaten für 4 Personen:

Für den Salat:

2 kleine Karotten
1 Stange Staudensellerie · Salz
1 rote Zwiebel
1 Bund Radieschen
150 g feine grüne Bohnen (Keniabohnen)
2 kleinere Kartoffeln
1–2 EL Öl
getrocknetes Bohnenkraut
Pfeffer aus der Mühle
1–2 EL Rotweinessig
100 ml Gemüsebrühe
1/2 TL scharfer Senf
2–3 EL Olivenöl
Zucker

Für den Zitronenrahm:

150 g saure Sahne
100 g Crème fraîche
1 TL scharfer Senf
3–5 EL Sahne
1 EL Zitronensaft
abgeriebene Schale von 1 unbehandelten Zitrone
Salz · Zucker · Cayennepfeffer
1 TL Estragon (gehackt)

Zum Anrichten:

4 doppelte Matjesfilets (ca. 600 g; küchenfertig)
Salz · Pfeffer aus der Mühle

Zubereitung:

1 Für den Salat die Karotten schälen, den Staudensellerie putzen und waschen. Beides schräg in dünne Scheiben schneiden und in kochendem Salzwasser bissfest blanchieren. In ein Sieb abgießen, kalt abschrecken und abtropfen lassen. Die Zwiebel schälen und in feine Streifen schneiden. Die Radieschen putzen, waschen und in dünne Scheiben schneiden. Die Bohnen putzen, waschen und halbieren, in kochendem Salzwasser bissfest blanchieren. In ein Sieb abgießen, kalt abschrecken und gut abtropfen lassen.

2 Die Kartoffeln schälen und in 1 cm große Würfel schneiden. In Salzwasser weich kochen, abgießen und abkühlen lassen. Das Öl in einer Pfanne erhitzen und die Kartoffelwürfel darin bei mittlerer Hitze goldbraun anbraten. Mit Bohnenkraut, Salz und Pfeffer würzen und auf Küchenpapier abtropfen lassen.

3 In einer kleinen Schüssel den Essig mit der Gemüsebrühe, dem Senf und dem Olivenöl verrühren. Das Dressing mit Salz, Pfeffer und 1 Prise Zucker würzen.

4 Für den Zitronenrahm die saure Sahne mit der Crème fraîche und dem Senf verrühren, je nach gewünschter Konsistenz die entsprechende Menge Sahne dazugeben. Mit Zitronensaft und -schale, Salz, Zucker und Cayennepfeffer abschmecken. Zuletzt den Estragon untermischen.

5 Zum Anrichten die Matjesfilets trennen, waschen und trockentupfen. Die Filets nebeneinander auf eine Platte oder auf einzelne Teller legen.

6 Karotten, Sellerie, Zwiebel, Radieschen und Bohnen mit dem Dressing mischen. Den Salat mit Salz und Pfeffer abschmecken, kurz marinieren lassen und auf den Matjesfilets verteilen. Die Kartoffelwürfel darüber streuen und den Zitronenrahm separat dazu servieren.

Marinierter Thunfisch
und Thunfischtatar mit Radi

Zutaten für 4 Personen:

Für die Vinaigrette:

100 ml Gemüsebrühe
1/2–1 TL scharfer Senf
2 EL Rotweinessig
5 EL mildes Olivenöl
Salz · Pfeffer aus der Mühle
Zucker · 1 Schalotte

Für den Rettich:

350 g milder weißer Rettich
1 TL ganzer Kümmel
Salz · 2–3 Radieschen

Für das Thunfischtatar:

400 g Thunfisch (Sushi-Qualität)
2–3 EL mildes Olivenöl
Salz · Pfeffer aus der Mühle
Saft von 1/2 Zitrone
1 TL eingelegte Kapern
1 Schalotte

Für den Meerrettichschaum:

100 g saure Sahne · 5 EL Milch
1 TL Sahnemeerrettich (aus dem Glas)
einige Spritzer Zitronensaft
Salz · Cayennepfeffer

Zum Anrichten:

4 dünne Scheiben Thunfisch (Sushi-Qualität)
Salz · Pfeffer aus der Mühle
kleine Salatblätter
1 Stück Meerrettichwurzel

Zubereitung:

1 Für die Vinaigrette die Gemüsebrühe mit dem Senf, dem Essig und dem Olivenöl verrühren, mit Salz, Pfeffer und 1 Prise Zucker abschmecken. Die Schalotte schälen, in kleine Würfel schneiden und unter die Vinaigrette rühren.

2 Für den Rettich den Rettich schälen und der Länge nach vierteln. Drei Viertel quer in etwa 4 mm dicke Scheiben schneiden, ein Viertel längs in möglichst dünne Streifen hobeln. Den Kümmel in ein Gewürzsäckchen füllen (siehe Tipp Seite 78). Die Rettichstreifen mit dem Kümmel in kochendem Salzwasser bissfest blanchieren. In ein Sieb abgießen, kalt abschrecken, abtropfen lassen und mit etwas Schalotten-Vinaigrette vermischen.

3 Die Radieschen putzen, waschen und in dünne Scheiben schneiden. Die Radieschen- und die Rettichscheiben mit Salz würzen und 5 Minuten ziehen lassen. Das ausgetretene Wasser abgießen und die Rettich-Radieschen-Mischung ebenfalls mit etwas Schalotten-Vinaigrette vermischen.

4 Für das Thunfischtatar den Thunfisch waschen, trockentupfen und mit einem scharfen Messer in möglichst kleine Würfel schneiden. Die Thunfischwürfel mit dem Olivenöl mischen. Das Tatar mit Salz, Pfeffer und Zitronensaft würzen. Die Kapern nicht zu fein hacken. Die Schalotte schälen, in kleine Würfel schneiden und mit den Kapern unter das Thunfischtatar mischen.

5 Für den Meerrettichschaum die saure Sahne mit der Milch, dem Sahnemeerrettich und dem Zitronensaft mit dem Stabmixer verrühren, mit Salz und Cayennepfeffer würzen.

6 Zum Anrichten die blanchierten Rettichstreifen und den Radieschen-Rettich-Mix auf Teller verteilen. Das Thunfischtatar noch einmal abschmecken. Mit zwei Esslöffeln Nocken aus dem Tatar formen und auf jeden Teller zwei Nocken setzen. Die Thunfischscheiben waschen, trockentupfen und mit Salz und Pfeffer würzen. Auf die Teller verteilen und mit Salatblättern garnieren, beides mit der restlichen Schalotten-Vinaigrette beträufeln. Den Meerrettichschaum mit dem Stabmixer aufschäumen und nur den Schaum um das Gericht herum verteilen. Zuletzt etwas frischen Meerrettich darüber hobeln.

Brathering
in Gewürzmarinade

Zutaten für 4 Personen:

2 Zwiebeln
1 Karotte
150 g Knollensellerie
1 EL Puderzucker
ca. 1/2 l Gemüsebrühe
1 Lorbeerblatt
1 TL Senfkörner
5 Wacholderbeeren
1 TL schwarze Pfefferkörner
1 Streifen unbehandelte Zitronenschale
1 Scheibe Ingwer
2 Scheiben Knoblauch
80 ml Rotweinessig
Salz · 1–2 TL Zucker
4 grüne Heringsfilets (küchenfertig; mit Haut)
4 EL doppelgriffiges Mehl
1 EL Öl

Zubereitung:

1 Für die Marinade die Zwiebeln schälen und in sehr dünne Ringe schneiden. Die Karotte und den Knollensellerie schälen und in feine Streifen schneiden. Den Puderzucker in einem Topf bei milder Hitze hell karamellisieren und das Gemüse darin glasig anschwitzen. Die Gemüsebrühe und das Lorbeerblatt hinzufügen. Senfkörner, Wacholderbeeren und Pfefferkörner in ein Gewürzsäckchen füllen (siehe Tipp Seite 78) und in die Brühe geben. Die Marinade zum Kochen bringen und bei milder Hitze 10 Minuten garen.

2 Die Zitronenschale, den Ingwer, den Knoblauch und den Essig hinzufügen und den Sud mit Salz und Zucker abschmecken. Vom Herd nehmen und auf etwa 80 °C abkühlen lassen. Alle ganzen Gewürze und das Gewürzsäckchen entfernen.

3 Die Heringsfilets waschen und trockentupfen. Auf der Hautseite mit Mehl bestäuben, das überschüssige Mehl leicht abklopfen. Das Öl in einer beschichteten Pfanne erhitzen und die Filets darin auf der Hautseite bei mittlerer Hitze 1 bis 2 Minuten anbraten. Die Filets mit der Hautseite nach oben nebeneinander in eine entsprechend große Form legen und mit der 80 °C heißen Marinade begießen. Den Brathering etwa 1 Stunde (aber mindestens 15 Minuten) in der Marinade ziehen lassen.

Der **Meister**-Tipp

Bratheringe lassen sich gut im Voraus zubereiten. Am besten bewahrt man sie dann mit Frischhaltefolie bedeckt im Kühlschrank auf.

Wolfsbarschfilets
à la Karl-Heinz Rummenigge

Zutaten für 4 Personen:

Für die Marinade:

1 vollreife Tomate
4 EL Gemüsebrühe
1 Rosmarinzweig
1/2 Knoblauchzehe (geschält)
1 kleine getrocknete Chilischote
3 EL mildes Olivenöl
1 TL Rotweinessig
Salz · Pfeffer aus der Mühle
Zucker

Für den Buttermilchschaum:

150 g Buttermilch
80 g saure Sahne
70 g Crème fraîche
6 EL mildes Olivenöl
Salz · Cayennepfeffer
Zucker
einige Spritzer Zitronensaft

Für den Fisch:

4 Wolfsbarschfilets (à 100 g; küchenfertig, mit Haut)
1 EL Öl
Salz · Pfeffer aus der Mühle

Zum Anrichten:

2 vollreife Tomaten
Salz · Pfeffer aus der Mühle

Zubereitung:

1 Für die Marinade die Tomate waschen und vierteln, dabei den Stielansatz entfernen. Mit der Gemüsebrühe in einen kleinen Topf geben, mit dem Stabmixer pürieren und auf höchstens 70 °C erwärmen. Den Rosmarin mit dem Knoblauch und der Chilischote zum Tomatenpüree geben. Das Tomatenpüree vom Herd nehmen und 5 bis 10 Minuten ziehen lassen. Rosmarin, Knoblauch und Chilischote entfernen und das Püree durch ein grobes Sieb passieren. Das Olivenöl und den Essig unterrühren und die Marinade mit Salz, Pfeffer und 1 Prise Zucker abschmecken.

2 Für den Buttermilchschaum die Buttermilch mit der sauren Sahne und der Crème fraîche mit dem Stabmixer verrühren. Nach und nach das Olivenöl dazugeben und untermixen. Den Buttermilchschaum mit Salz, Cayennepfeffer, 1 Prise Zucker und Zitronensaft abschmecken.

3 Für den Fisch die Wolfsbarschfilets waschen und trockentupfen. Das Öl in einer beschichteten Pfanne erhitzen und die Filets darin auf der Hautseite bei mittlerer Hitze etwa 4 Minuten kross anbraten. Die Pfanne vom Herd nehmen, die Fischfilets wenden und in der Resthitze glasig durchziehen lassen. Mit Salz und Pfeffer würzen.

4 Zum Anrichten die Tomaten waschen und in dünne Scheiben schneiden, dabei die Stielansätze entfernen. Auf jedem Teller 3 bis 5 schöne Tomatenscheiben auslegen, mit Salz und Pfeffer würzen und die Tomatenmarinade darauf verteilen. Die Wolfsbarschfilets darauf setzen.
Den Buttermilchschaum mit dem Stabmixer aufschäumen und die Filets damit umkränzen. Nach Belieben mit Basilikum garniert servieren.

Rotbarbe
mit Radicchio-Fenchel-Salat

Zutaten für 4 Personen:

Für den Salat:

1 Fenchelknolle

Salz · 2 Orangen

1 EL Zitronensaft

Pfeffer aus der Mühle · Zucker

je 1 Msp. abgeriebene unbehandelte Zitronen- und Orangenschale

2 EL mildes Olivenöl

1 kleiner Kopf Radicchio

Für den Fisch:

4 Rotbarbenfilets (à ca. 80 g; küchenfertig, mit Haut)

1 EL Öl

Salz · Pfeffer aus der Mühle

Zubereitung:

1 Für den Salat den Fenchel putzen, waschen und quer in möglichst dünne Streifen hobeln. Das Fenchelgrün klein schneiden und beiseite legen. Die Fenchelstreifen in kochendem Salzwasser bissfest blanchieren. In ein Sieb abgießen, kalt abschrecken und abtropfen lassen.

2 Die Orangen mit einem scharfen Messer so großzügig schälen, dass auch die weiße Haut mit entfernt wird. Die einzelnen Fruchtfilets aus den Trennhäuten schneiden und den dabei austretenden Orangensaft auffangen. Den Saft aus den Orangenresten auspressen. Den Orangensaft mit Zitronensaft, Salz, Pfeffer, Zucker, Fenchelgrün, Zitronen- und Orangenschale und Olivenöl zu einer Marinade verrühren. Die Radicchioblätter vom Strunk schneiden und verlesen, die weißen Rippen herausschneiden. Die Blätter waschen, trockenschleudern und in mundgerechte Stücke zupfen.

3 Für den Fisch die Rotbarbenfilets waschen und trockentupfen. Das Öl in einer Pfanne erhitzen und die Filets darin auf der Hautseite bei mittlerer Hitze 2 bis 3 Minuten anbraten. Die Pfanne vom Herd nehmen, die Fischfilets wenden und in der Resthitze glasig durchziehen lassen. Auf Küchenpapier abtropfen lassen und mit Salz und Pfeffer würzen.

4 Die Radicchioblätter mit dem Fenchel, den Orangenfilets und der Marinade mischen. Die Rotbarbenfilets mit dem Radicchio-Fenchel-Salat auf Tellern anrichten.

Der **Meister**-Tipp

Das Dressing bekommt eine besonders interessante Note, wenn Sie es mit 1 Prise gemahlenem Kaffee würzen. Probieren Sie es einfach mal aus!

Carpaccio
mit Limettenrahm

Zutaten für 4 Personen:

Für den Limettenrahm:

100 g Crème fraîche
4–5 EL Sahne
1 TL Limettensaft
1 TL abgeriebene unbehandelte Limettenschale
Salz · Pfeffer aus der Mühle
Cayennepfeffer

Für das Carpaccio:

400 g Rinderfilet
Olivenöl für die Folie
ca. 5 EL mildes Olivenöl
Saft von 1 Limette
Salz · Pfeffer aus der Mühle

Zubereitung:

1 Für den Limettenrahm die Crème fraîche mit der Sahne und dem Limettensaft glatt rühren und die Limettenschale dazugeben. Mit Salz, Pfeffer und Cayennepfeffer abschmecken.

2 Für das Carpaccio das Rinderfilet mit einem scharfen Messer zuerst in dünne Scheiben und dann in etwa 1 1/2 cm große Stücke schneiden. Die Fleischstücke mit reichlich Abstand auf einer geölten Frischhaltefolie verteilen. Eine weitere geölte Frischhaltefolie darauf legen und die Fleischstücke mit der flachen Seite eines Schnitzelklopfers zu gleichmäßig dünnen Scheiben klopfen.

3 Vier flache Teller mit Olivenöl einpinseln, etwas Limettensaft darauf träufeln und Salz und Pfeffer darüber streuen. Die Rindfleischscheiben vorsichtig aus der Folie lösen und leicht überlappend auf die Teller legen. Die Fleischscheiben ebenfalls mit Olivenöl einpinseln, mit Limettensaft beträufeln und leicht mit Salz und Pfeffer würzen.

4 Den Limettenrahm in einen Gefrierbeutel füllen, am unteren Ende eine kleine Ecke abschneiden, den Rahm vorsichtig herausdrücken und das Carpaccio damit gitterförmig verzieren.

Der **Meister**-Tipp

Das flach geklopfte Fleisch können Sie in Frischhaltefolie verpackt mehrere Stunden aufbewahren. Kurz vor dem Servieren verteilen Sie das Fleisch auf Teller und beträufeln es mit Marinade.

Rindertatar
auf Kartoffelrösti

Zutaten für 4 Personen:

Für das Rindertatar:

500 g Rinderfilet
1 kleine Essiggurke
1–2 TL eingelegte Kapern
3 eingelegte Sardellenfilets
1/2 Zwiebel · 1 EL Öl
2 EL mildes Olivenöl
1 EL süßsaure Chilisauce
1 EL Tomatenketchup
1 Msp. Paprikapulver (edelsüß)
2 EL Schnittlauchröllchen
1 Spritzer Zitronensaft
Salz · Pfeffer aus der Mühle
Zucker

Für die Rösti:

2 Kartoffeln (ca. 250 g)
Salz · Pfeffer aus der Mühle
frisch geriebene Muskatnuss
3 EL Öl

Zubereitung:

1 Für das Rindertatar das Rindfleisch von Fett und Sehnen befreien und durch den Fleischwolf drehen. Die Essiggurke, die Kapern und die Sardellenfilets fein hacken. Die Zwiebel schälen und in kleine Würfel schneiden. Das Öl in einer Pfanne erhitzen, die Zwiebelwürfel darin bei milder Hitze glasig anschwitzen und abkühlen lassen.

2 Das Rinderhack mit Zwiebelwürfeln, Essiggurke, Kapern, Sardellen, Olivenöl, Chilisauce, Ketchup, Paprikapulver und Schnittlauch mischen. Mit Zitronensaft, Salz, Pfeffer und 1 Prise Zucker herzhaft abschmecken.

3 Für die Rösti die Kartoffeln schälen und auf der Gemüsereibe in feine Streifen raspeln. Mit Salz, Pfeffer und 1 Prise Muskatnuss würzen. Die Kartoffeln einige Minuten ziehen lassen und mit den Händen den Saft ausdrücken. Eine große beschichtete Pfanne erhitzen und das Öl hineingeben. Die Kartoffelstreifen in vier Portionen teilen und als flache Fladen in die Pfanne setzen. Die Rösti im heißen Öl bei milder Hitze auf beiden Seiten goldbraun braten. Aus der Pfanne nehmen und auf Küchenpapier abtropfen lassen.

4 Aus dem Rindertatar vier Hacksteaks formen und mit den Rösti auf Tellern anrichten.

Der **Meister**-Tipp

Wenn Sie das Tatar schon im Voraus zubereiten, sollten Sie es lichtgeschützt und gut gekühlt aufbewahren und kurz vor dem Servieren noch einmal kräftig nachwürzen.

Rosa Kalbsrücken
mit Kapern-Rosinen-Vinaigrette

Zutaten für 4 Personen:

Für den Kalbsrücken:

600 g Kalbsrücken (küchenfertig)
1–2 EL Öl
Salz · Pfeffer aus der Mühle

Für die Vinaigrette:

1 EL süßsauer eingelegter Kürbis (aus dem Glas)
5 EL Geflügelbrühe
1 EL Rosinen
½ Knoblauchzehe (gehackt)
2 EL Balsamico bianco
2 EL Olivenöl
1 EL Granatapfelkerne
1 EL eingelegte Kapern
Salz · Pfeffer aus der Mühle
Zucker

Zum Anrichten:

1 EL geröstete Pinienkerne

Zubereitung:

1 Für den Kalbsrücken den Backofen auf 100 °C vorheizen. Auf die mittlere Schiene das Ofengitter und darunter ein Abtropfblech schieben. Das Öl in einer Pfanne erhitzen und den Kalbsrücken darin von allen Seiten anbraten. Das Fleisch auf das Ofengitter legen und im vorgeheizten Ofen 1 ½ bis 2 Stunden rosa garen. Aus dem Ofen nehmen und mit Salz und Pfeffer würzen.

2 Für die Vinaigrette die Kürbisstücke in kleine Würfel schneiden. Die Kürbiswürfel mit der Geflügelbrühe, den Rosinen, dem Knoblauch, dem Essig, dem Olivenöl, den Granatapfelkernen und den Kapern verrühren. Die Vinaigrette mit Salz, Pfeffer und 1 Prise Zucker abschmecken.

3 Zum Anrichten den noch lauwarmen Kalbsrücken in dünne Scheiben schneiden. Die Fleischscheiben auf vorgewärmten Tellern anrichten und die Vinaigrette darüber verteilen. Mit Pinienkernen bestreut servieren.

Der **Meister**-Tipp

Wenn Sie den gegarten Kalbsrücken noch etwas warm halten wollen, schalten Sie die Backofentemperatur einfach auf 70 °C herunter. Auf diese Weise bleibt der Kalbsrücken schön saftig und rosa.

Vitello tonnato

Zutaten für 4 Personen:

Für die Thunfischsauce:

150 g eingelegter Thunfisch (in Öl)
4 eingelegte Sardellenfilets
60 ml Gemüsebrühe
Saft von $^1/_2$ Zitrone
2 EL Mascarpone
1 EL eingelegte Kapern
80 ml Olivenöl
Salz · Pfeffer aus der Mühle
Cayennepfeffer · Zucker

Für das Kalbfleisch:

1 EL Öl
600 g Kalbsfrikandeau

Zum Anrichten:

Salz · Pfeffer aus der Mühle
2 TL eingelegte Kapern
8–10 eingelegte Sardellenfilets

Zubereitung:

1 Für die Thunfischsauce den Thunfisch und die Sardellenfilets abtropfen lassen. Sardellen, Gemüsebrühe, Zitronensaft, Mascarpone und Kapern im Küchenmixer oder mit dem Stabmixer zu einer glatten Creme pürieren. Den Thunfisch dazugeben und weiterpürieren, dann nach und nach das Olivenöl untermixen. Die Thunfischsauce mit Salz, Pfeffer und je 1 Prise Cayennepfeffer und Zucker würzen.

2 Für das Kalbfleisch den Backofen auf 100 °C vorheizen. Auf die mittlere Schiene das Ofengitter und darunter ein Abtropfblech schieben. Das Öl in einer Pfanne erhitzen und das Kalbsfrikandeau darin von allen Seiten anbraten. Das Fleisch auf das Ofengitter legen und im vorgeheizten Ofen etwa 1 Stunde rosa garen. Aus dem Ofen nehmen und etwas abkühlen lassen.

3 Zum Anrichten das Kalbfleisch in dünne Scheiben schneiden und auf flachen Tellern oder einer großen Servierplatte auslegen. Die Fleischscheiben mit Salz und Pfeffer würzen, mit der Thunfischsauce beträufeln und mit Kapern bestreuen. Die Sardellenfilets abtropfen lassen, längs halbieren und darüber verteilen. Das Vitello tonnato nach Belieben mit Petersilie garniert servieren.

Der **Meister**-Tipp

Die Thunfischsauce hält sich 1 bis 2 Tage im Kühlschrank und kann beispielsweise auch als Dip für Gemüsesticks verwendet werden.

Spargel mit Basilikum-Hollandaise

Zutaten für 4 Personen:

1 Schalotte
50 ml Weißwein
1 TL Weißweinessig
5 schwarze Pfefferkörner
1/8 l Gemüsebrühe
3 Eigelb
150 g kalte Butter (in Stücken)
Salz · Cayennepfeffer
1 Spritzer Zitronensaft
1–2 EL braune Butter (siehe Tipp)
2 EL Basilikum (gehackt)
1 1/2 kg weißer Spargel
Zucker

Zubereitung:

1 Die Schalotte schälen und in kleine Würfel schneiden. Mit dem Weißwein, dem Essig, den Pfefferkörnern und 90 ml Gemüsebrühe in einen Topf geben und die Flüssigkeit bei mittlerer Hitze fast vollständig einkochen lassen. Die restliche Brühe dazugeben und alles durch ein Sieb gießen.

2 Die Eigelbe mit der reduzierten Weißwein-Mischung in einer Metallschüssel im heißen Wasserbad zu einem feinporigen Schaum aufschlagen. Die Temperatur sollte dabei 80 °C erreichen, aber nicht überschreiten. Die Butterstücke nach und nach unter die Eierschaummasse rühren, dabei darf die Sauce nicht zu heiß werden. Die Hollandaise mit Salz, 1 Prise Cayennepfeffer, Zitronensaft und brauner Butter abschmecken und bis zur Weiterverwendung warm halten. Kurz vor dem Servieren das Basilikum unterrühren.

3 Den Spargel schälen und die holzigen Enden abschneiden. In einem breiten Topf reichlich Wasser zum Kochen bringen, Salz und Zucker hinzufügen und den Spargel darin je nach Dicke 7 bis 10 Minuten bissfest garen. Die Spargelstangen herausheben, abtropfen lassen und mit der Basilikum-Hollandaise auf vorgewärmten Tellern anrichten.

Der Meister-Tipp

Für die braune Butter in einem kleinen Topf die gewünschte Buttermenge bei mittlerer Hitze langsam zerlassen, bis sie goldbraun ist und ein nussiges Aroma hat. Anschließend durch ein mit Küchenpapier ausgelegtes Sieb gießen.

Tomaten-Oliven-Tatar
im Parmesankörbchen

Zutaten für 4 Personen:

100 g fein geriebener Parmesan
10 reife Tomaten
50 g schwarze Oliven (entsteint)
1 Schalotte
1/2 Knoblauchzehe (gehackt)
1 TL Rotweinessig
2 EL Olivenöl
Salz · Pfeffer aus der Mühle

Zubereitung:

1 Für die Parmesankörbchen eine beschichtete Pfanne bei mittlerer Temperatur erhitzen. Ein Viertel des geriebenen Parmesans in einem Durchmesser von etwa 12 cm gleichmäßig in die Pfanne streuen und hell bräunen lassen. Die Pfanne vom Herd nehmen und die Parmesanhippe kurz abkühlen lassen, bis sie zwar noch elastisch ist, sich aber mit einer Palette vom Pfannenboden lösen lässt. Die Parmesanhippe möglichst heiß in ein kleines Schälchen drücken und abkühlen lassen. Auf die gleiche Weise drei weitere Parmesankörbchen herstellen.

2 Für das Tomaten-Oliven-Tatar den Stielansatz der Tomaten entfernen, die Tomaten kreuzweise einritzen und etwa 20 Sekunden in kochendes Wasser tauchen. Kalt abschrecken, häuten, entkernen und in kleine Würfel schneiden. Die Oliven klein schneiden. Die Schalotte schälen und in kleine Würfel schneiden. Tomaten, Oliven und Schalotte mit Knoblauch, Essig und Olivenöl mischen. Das Tatar mit Salz und Pfeffer abschmecken.

3 Zum Anrichten die Parmesankörbchen aus den Schälchen nehmen, auf Teller setzen und das Tomaten-Oliven-Tatar darauf verteilen. Nach Belieben mit Basilikum garniert servieren.

Der **Meister**-Tipp

Damit sich der Parmesan gut aus der Pfanne lösen lässt und schnell in Form gebracht werden kann, sollte man unbedingt eine beschichtete Pfanne verwenden.

Topfen-Käse-Pflanzerl
mit Endiviensalat

Zutaten für 4 Personen:

Für die Topfen-Käse-Pflanzerl:

200 g Bergkäse
80 g Toastbrot
3 EL weiche Butter
2 Eigelb
400 g Topfen
(abgetropfter Quark)
Salz · Pfeffer aus der Mühle
gemahlener Kümmel
frisch geriebene Muskatnuss
100 g Semmelbrösel
2 EL Öl

Für den Salat:

150 g Brunnenkresse
250 g Endivienblätter
1/8 l Gemüsebrühe
je 1 TL scharfer und süßer Senf
1–2 EL Rotweinessig
2 Scheiben Knoblauch
6 EL mildes Olivenöl
Salz · Cayennepfeffer
1 reife Birne
1 TL Puderzucker
Saft von 1/2 Orange

Zubereitung:

1 Für die Topfen-Käse-Pflanzerl den Käse in kleine Würfel schneiden oder grob reiben. Das Toastbrot entrinden und ebenfalls in Würfel schneiden. Die Butter mit den Eigelben in einer Schüssel glatt rühren. Zuerst den Topfen und die Käsewürfel unterrühren, dann die Brotwürfel untermischen. Die Topfen-Käse-Masse mit Salz, Pfeffer und je 1 Prise Kümmel und Muskatnuss würzen und 30 Minuten ziehen lassen.

2 Aus der Topfen-Käse-Masse mit angefeuchteten Händen kleine, flache Pflanzerl formen und in den Semmelbröseln wenden. Das Öl in einer Pfanne erhitzen und die Pflanzerl darin bei milder Hitze auf beiden Seiten langsam braten. Herausnehmen und auf Küchenpapier abtropfen lassen. (Bräunen die Pflanzerl zu schnell, sollten sie noch einige Minuten im vorgeheizten Backofen bei 175 °C gegart werden, damit sie innen durch sind.)

3 Für den Salat die Brunnenkresseblätter von den Stielen zupfen, waschen und trockenschleudern. Die Endivienblätter waschen, trockenschleudern und in Streifen schneiden. Alles in eine Schüssel geben.

4 Für das Dressing die Gemüsebrühe mit beiden Senfsorten, dem Essig und dem Knoblauch in einen hohen Rührbecher geben und mit dem Stabmixer verrühren. Dabei nach und nach das Olivenöl dazugeben und untermixen. Das Dressing mit Salz und Cayennepfeffer abschmecken.

5 Die Birne waschen, vierteln, entkernen und in schmale Spalten schneiden. Den Puderzucker in einer Pfanne bei milder Hitze hell karamellisieren und die Birnenspalten darin auf beiden Seiten anbräunen. Den Orangensaft dazugeben und einköcheln lassen.

6 Die Birnenspalten zu den Salatblättern in die Schüssel geben und mit dem Dressing mischen, eventuell noch etwas nachwürzen. Den Brunnenkresse-Endivien-Salat mit den Topfen-Käse-Pflanzerln auf Tellern anrichten.

Herzhafter Käsekuchen
mit Zwiebeln und Lauch

Zutaten für 1 Backblech:

Für den Teig:
200 g weiche Butter
2 Eigelb
Zucker · 1 TL Salz
2 EL Milch · 350 g Mehl
Mehl für die Arbeitsfläche
Butter für das Backblech

Für den Belag:
3 Zwiebeln (ca. 400 g)
2 Stangen Lauch · 1 EL Öl
Salz · Pfeffer aus der Mühle
gemahlener Kümmel
1 reife, feste Birne
300 g Bergkäse
120 g Edelpilzkäse
(z. B. Gorgonzola)
1/4 l Milch · 250 g Sahne
5 Eier
frisch geriebene Muskatnuss

Zubereitung:

1 Für den Teig die Butter mit den Eigelben, 1 Prise Zucker, dem Salz und der Milch gut verrühren. Das Mehl nach und nach dazugeben und in der Küchenmaschine rasch zu einem glatten Mürbeteig kneten. Den Teig auf der bemehlten Arbeitsfläche mit den Händen zu einer dicken Platte formen, in Frischhaltefolie wickeln und mindestens 2 Stunden kühl stellen.

2 Den Backofen auf 175 °C vorheizen. Den Teig mit den Händen nochmals kurz durchkneten und auf der bemehlten Arbeitsfläche mit dem Nudelholz ausrollen. Ein tiefes Backblech mit Butter einfetten und mit dem Teig auslegen. Den Mürbeteig mit einer Gabel mehrmals einstechen und im vorgeheizten Ofen auf der mittleren Schiene 8 bis 10 Minuten hell vorbacken.

3 Für den Belag die Zwiebeln schälen und in kleine Würfel schneiden. Den Lauch putzen, waschen, längs halbieren und quer in Streifen schneiden. Das Öl in einer Pfanne erhitzen, die Zwiebelwürfel und die Lauchstreifen darin bei milder Hitze glasig anschwitzen. Das Gemüse mit Salz, Pfeffer und 1 Prise Kümmel würzen und abkühlen lassen.

4 Die Birne schälen, vierteln, entkernen und in kleine Würfel schneiden. Den Bergkäse in kleine Würfel schneiden und den Edelpilzkäse zerbröckeln. Das Gemüse und den Käse gleichmäßig auf dem Mürbeteigboden verteilen.

5 Die Milch, die Sahne und die Eier verquirlen, mit Salz, Pfeffer und Muskatnuss würzen. Die Eier-Sahne-Milch auf dem Belag verteilen und den Käsekuchen im vorgeheizten Ofen auf der mittleren Schiene etwa 50 Minuten goldbraun backen.

Der **Meister**-Tipp

Der Mürbeteig muss vorgebacken werden, damit er trotz des saftigen Belags goldbraun und knusprig wird.

FC-Bayern-Dressing

Zutaten für ca. 330 ml:

1 Knoblauchzehe
60 ml Gemüsebrühe
2 EL weißer Portwein
je 1 TL Salz und Zucker
1 Msp. Cayennepfeffer
1 Scheibe Ingwer
je 50 g Naturjoghurt
und saure Sahne
1 TL scharfer Senf
1–2 EL Rotweinessig
1 TL Balsamico bianco
1 TL Sherry (medium dry)
je 50 ml Öl und mildes Olivenöl
1 TL Walnussöl

Zubereitung:

1 Den Knoblauch schälen und halbieren. Die Gemüsebrühe mit dem Portwein, dem Salz und dem Zucker in einem kleinen Topf aufkochen lassen. Den Cayennepfeffer, den Knoblauch und den Ingwer hinzufügen und die Brühe abkühlen lassen.

2 Die Gewürzbrühe durch ein Sieb gießen und mit dem Joghurt, der sauren Sahne, dem Senf, den beiden Essigsorten und dem Sherry mit dem Stabmixer verrühren, dabei nach und nach alle Ölsorten dazugeben und untermixen.

Das FC-Bayern-Dressing passt zu knackigen Blattsalaten und gemischten Salaten mit Karotten, Tomaten, Radieschen und Gurken.

Balsamico-Vinaigrette

Zutaten für ca. 200 ml:

2 TL Puderzucker
5 EL Aceto balsamico
100 ml Gemüsebrühe
4 EL mildes Olivenöl
Salz · Pfeffer aus der Mühle
1 Streifen unbehandelte
Orangenschale
1 Thymianzweig
2 Scheiben Knoblauch
1 Scheibe Ingwer

Zubereitung:

1 Den Puderzucker in einer Pfanne bei mittlerer Hitze hell karamellisieren. Vom Herd nehmen, mit dem Essig ablöschen und etwa 30 Sekunden einköcheln lassen.

2 Den reduzierten Essig mit der Gemüsebrühe und dem Olivenöl verrühren und mit Salz und Pfeffer würzen. Die Orangenschale, den Thymian, den Knoblauch und den Ingwer zur Vinaigrette geben, einige Minuten ziehen lassen und anschließend wieder entfernen.

Die Balsamico-Vinaigrette passt besonders gut zu Tomaten, aber auch zu allen knackigen Blattsalaten und gemischten Salaten.

Kartoffel-Joghurt-Dressing

Zutaten für ca. 550 ml:

1 rote Chilischote
1/2 Kartoffel (ca. 60 g)
400 ml Gemüsebrühe
1/2 kleines Lorbeerblatt
1/2 Knoblauchzehe (geschält)
1 EL Zitronensaft
3 EL Olivenöl
50 g Naturjoghurt · Salz
frisch geriebene Muskatnuss
gemahlener Kümmel

Zubereitung:

1 Die Chilischote längs halbieren, entkernen und waschen. Die Kartoffel schälen und in Würfel schneiden.

2 Die Gemüsebrühe in einem Topf erhitzen. Die Chilihälften, die Kartoffelwürfel und das Lorbeerblatt darin mehr ziehen als kochen lassen (damit die Flüssigkeit nicht zu stark einkocht), bis die Kartoffeln weich sind. Das Lorbeerblatt entfernen.

3 Die Brühe samt Kartoffelwürfeln und Chilihälften mit dem Knoblauch, dem Zitronensaft, dem Olivenöl und dem Joghurt im Küchenmixer oder mit dem Stabmixer pürieren. Das Kartoffel-Joghurt-Dressing mit Salz, Muskatnuss und 1 kleinen Prise Kümmel abschmecken.

Das Kartoffel-Joghurt-Dressing passt gut zu Blattsalaten, vor allem zu Feldsalat.

French Dressing

Zutaten für ca. 210 ml:

1 Eigelb
1/2–1 TL scharfer Senf
1 EL Weinessig
1 Msp. Knoblauch (gehackt)
Salz · Zucker
Cayennepfeffer
75 ml Öl
50 ml Gemüsebrühe
50 g Sahne

Zubereitung:

1 Das Eigelb, den Senf, den Essig und den Knoblauch in den Küchenmixer geben, je 1 Prise Salz, Zucker und Cayennepfeffer hinzufügen.

2 Die Zutaten im Mixer pürieren, dabei das Öl in einem feinen Strahl dazugießen, sodass eine glatte, gebundene Sauce entsteht. Zuletzt die Gemüsebrühe und die Sahne untermixen. Das French Dressing mit Salz und Cayennepfeffer abschmecken.

Das French Dressing schmeckt zu knackigen Blattsalaten, besonders zu Eisbergsalat, und auch zu Tomaten.

Nudelsalat
mit grünem Spargel und Lachs

Zutaten für 4 Personen:

300 g Farfalle · Salz
4–6 EL mildes Olivenöl
1 Bund grüner Spargel
150 g kleine Karotten
1/3 Salatgurke
1 kleiner Zucchino
175 ml Gemüsebrühe
Pfeffer aus der Mühle
2 TL Puderzucker
5 EL Rotweinessig
3 EL weißer Portwein
1 TL scharfer Senf
Cayennepfeffer
1 EL Dill (gehackt)
200 g geräucherter Lachs (in Scheiben)

Zubereitung:

1 Die Farfalle nach Packungsanweisung in reichlich Salzwasser bissfest kochen, in ein Sieb abgießen und abtropfen lassen. Die Nudeln auf einem Tablett ausbreiten, kurz ausdampfen lassen und mit 1 bis 2 EL Olivenöl vermischen.

2 Den Spargel waschen, im unteren Drittel schälen und die holzigen Enden abschneiden. Die Spargelstangen längs halbieren und schräg in 1 bis 2 cm große Stücke schneiden. Die Karotten schälen, längs vierteln und in 1 bis 2 cm lange Stifte schneiden. Die Gurke schälen, längs halbieren, entkernen und quer in 1/2 cm breite Stücke schneiden. Den Zucchino putzen, waschen, längs halbieren und in etwa 4 mm dicke Scheiben schneiden.

3 Die Karottenstifte, Spargel- und Gurkenstücke in der Gemüsebrühe bissfest garen. In ein Sieb abgießen, dabei die Brühe auffangen und für die Marinade beiseite stellen. In einer Pfanne 1 EL Olivenöl erhitzen und die Zucchinischeiben darin bei mittlerer Hitze 2 bis 3 Minuten braten. Mit Salz und Pfeffer würzen und mit dem anderen Gemüse mischen.

4 Für die Marinade den Puderzucker in einer Pfanne hell karamellisieren. Mit dem Essig und dem Portwein ablöschen und kurz einkochen lassen, 1/8 l der beiseite gestellten Brühe dazugießen. Die Marinade vom Herd nehmen, den Senf und das restliche Olivenöl unterrühren. Die Marinade mit Salz, Pfeffer, 1 Prise Cayennepfeffer und gegebenenfalls noch etwas Essig abschmecken.

5 Die Farfalle mit dem Gemüse und der Marinade mischen. Den Dill dazugeben, den Nudelsalat 10 Minuten durchziehen lassen und eventuell nochmals abschmecken. Den Lachs in Streifen schneiden und kurz vor dem Servieren untermischen.

Der **Meister**-Tipp

Lässt man Essig und Portwein mit Puderzucker einkochen, wird die Säure abgemildert und der Geschmack der Marinade besonders fein abgerundet.

Tomaten-Mozzarella-Salat
mit gebratenen Pfifferlingen

Zutaten für 4 Personen:

4 EL Aceto balsamico
5 EL mildes Olivenöl
Salz · Pfeffer aus der Mühle
150 g kleine Pfifferlinge
1/2 Bund Basilikum
4 Tomaten
4 Kugeln Mozzarella (à 125 g)

Zubereitung:

1 Den Essig mit 4 EL Olivenöl zu einer Marinade verrühren, mit Salz und Pfeffer würzen. Die Pfifferlinge putzen und trocken abreiben. Das Basilikum waschen und trockenschütteln, die Blätter von den Stielen zupfen. Einige Blätter zum Garnieren beiseite legen, den Rest fein hacken.

2 Die Tomaten waschen und in Scheiben schneiden, dabei die Stielansätze entfernen. Den Mozzarella abtropfen lassen und ebenfalls in Scheiben schneiden. Die Tomaten- und Mozzarellascheiben abwechselnd leicht überlappend auf Tellern anrichten, mit Salz und Pfeffer würzen.

3 Das restliche Olivenöl in einer Pfanne erhitzen und die Pfifferlinge darin bei mittlerer Hitze etwa 2 Minuten braten. Die Pilze mit Salz und Pfeffer würzen und das gehackte Basilikum dazugeben. Die Pfifferlinge auf dem Tomaten-Mozzarella-Salat verteilen und mit der Marinade beträufeln. Mit Basilikum garniert servieren.

Der **Meister**-Tipp

Pfifferlinge und andere Pilze sollte man immer nur trocken abreiben und nicht waschen, da sie sich sonst mit Wasser voll saugen. Pfifferlinge dürfen nicht zu lange garen – sie werden dann fest und zäh.

Brezenknödelsalat
mit Bohnen und Regensburgern

Zutaten für 4 Personen:

Für die Brezenknödel:

250 g weiche Brezenstangen (vom Vortag)
¼ l Milch · 2 Eier
Salz · Pfeffer aus der Mühle
frisch geriebene Muskatnuss
½ Zwiebel · 1 EL Öl
1 EL Petersilie (gehackt)

Für das Dressing:

150 ml Gemüsebrühe
2–3 EL Rotweinessig
1–2 TL scharfer Senf
Salz · Zucker
3 EL mildes Olivenöl
1 TL Nussöl
Pfeffer aus der Mühle

Für den Salat:

100 g breite grüne Bohnen
Salz
1 Bund Frühlingszwiebeln
100 g kleine Essiggurken
1 Bund Radieschen
100 g Cocktailtomaten
2 EL Öl
500 g Regensburger Würste
etwas Feldsalat zum Anrichten

Zubereitung:

1 Für die Brezenknödel von den Brezenstangen das Salz abreiben und die Stangen in etwa 1 cm große Würfel schneiden. Die Milch aufkochen und mit den Eiern verrühren, mit Salz, Pfeffer und 1 Prise Muskatnuss würzen. Die Brezenwürfel untermischen. Die Zwiebel schälen und in kleine Würfel schneiden. Das Öl in einer Pfanne erhitzen und die Zwiebelwürfel darin bei milder Hitze glasig anschwitzen. Mit der Petersilie unter die Knödelmasse mischen, die Masse gegebenenfalls mit Salz, Pfeffer und Muskatnuss nachwürzen.

2 Zwei Blätter Alufolie jeweils mit Frischhaltefolie belegen, die Knödelmasse darauf zu länglichen Rollen (etwa 5 cm Durchmesser) formen. Zuerst in die Frischhaltefolie einrollen, dann in die Alufolie wickeln und die Enden der Alufolie fest zudrehen. Die Knödelrollen in einem entsprechend großen Topf in leicht siedendem Wasser gut 30 Minuten garen. Aus dem Wasser heben und lauwarm abkühlen lassen. Die Knödelrollen aus der Folie wickeln, längs halbieren und in etwa 1 cm dicke Scheiben schneiden.

3 Für das Dressing die Gemüsebrühe mit dem Essig, dem Senf, Salz und 1 Prise Zucker mit dem Stabmixer verrühren. Nach und nach die beiden Ölsorten dazugeben und untermixen, das Dressing mit Pfeffer und eventuell etwas Salz abschmecken.

4 Für den Salat die Bohnen putzen, waschen und schräg in 1 cm breite Stücke schneiden. In Salzwasser bissfest garen, kalt abschrecken und auf einem Sieb abtropfen lassen. Die Frühlingszwiebeln putzen, waschen und in feine Ringe schneiden. Die Essiggurken abtropfen lassen und schräg in dünne Scheiben schneiden. Die Radieschen putzen, waschen und ebenfalls in dünne Scheiben schneiden. Die Cocktailtomaten waschen und halbieren.

5 Das Öl in einer Pfanne erhitzen und die Brezenknödelscheiben darin bei mittlerer Hitze auf beiden Seiten goldbraun braten. Die Regensburger längs halbieren und in etwa 4 mm dicke Scheiben schneiden. Alle Zutaten in einer großen Salatschüssel mischen, mit dem Dressing übergießen (etwas Dressing zum Garnieren aufbewahren) und 10 Minuten durchziehen lassen. Den Salat nochmals gut durchmischen, abschmecken und auf Teller verteilen. Den Feldsalat verlesen, waschen und trockenschleudern. Auf dem Brezenknödelsalat anrichten und mit dem restlichen Dressing beträufeln.

Bratkartoffelsalat
mit Rostbratwürstel und Rucola

Zutaten für 4 Personen:

Für den Salat:

800 g kleine fest kochende Kartoffeln · Salz
1 TL ganzer Kümmel
200 g breite grüne Bohnen
2 Bund Frühlingszwiebeln
3 EL Öl
Pfeffer aus der Mühle
getrockneter Majoran
gemahlener Kümmel
700 g Nürnberger Rostbratwürste

Für das Dressing:

1/8 l Gemüsebrühe
5 EL Rotweinessig
1 EL scharfer Senf
2 Scheiben Knoblauch
Salz · Cayennepfeffer
Zucker
8 EL mildes Olivenöl
1 Bund Rucola

Zubereitung:

1 Für den Salat die Kartoffeln in reichlich Salzwasser mit dem Kümmel weich kochen. Abgießen, schälen und abkühlen lassen, anschließend in Scheiben schneiden. Die Bohnen putzen, waschen und schräg halbieren. In kochendem Salzwasser bissfest blanchieren, in ein Sieb abgießen, kalt abschrecken und abtropfen lassen. Die Frühlingszwiebeln putzen, waschen und schräg in feine Ringe schneiden.

2 In einer Pfanne 1 bis 2 EL Öl erhitzen und die Kartoffeln darin anbraten. Die Frühlingszwiebeln und die Bohnen hinzufügen und einige Minuten mitbraten. Die Bratkartoffeln mit Salz, Pfeffer und je 1 Prise Majoran und Kümmel würzen und in eine Schüssel geben.

3 Das restliche Öl erhitzen und die Rostbratwürste darin rundum braten. Herausnehmen, auf Küchenpapier abtropfen lassen und zu den Bratkartoffeln geben.

4 Für das Dressing die Gemüsebrühe mit dem Essig, dem Senf und dem Knoblauch in einen hohen Rührbecher geben und mit dem Stabmixer verrühren. Mit Salz, Cayennepfeffer und Zucker würzen, nach und nach das Olivenöl dazugeben und untermixen. Den Rucola verlesen, waschen und trockenschleudern, grobe Stiele entfernen.

5 Das Dressing unter die Bratkartoffeln und den Rucola mischen. Den Salat vor dem Servieren einige Minuten durchziehen lassen.

Der **Meister**-Tipp

Lassen Sie die Bratkartoffeln und die Bratwürstel vor dem Marinieren möglichst etwas abkühlen. Am besten schmeckt der Bratkartoffelsalat, wenn er lauwarm serviert wird.

FC-Bayern-Salat
mit gebratenen Garnelen

Zutaten für 4 Personen:

Für den Salat:

350 g gemischte Salatblätter
3 Radieschen
2 EL Pinienkerne
2 Scheiben Toastbrot
4 EL Butter · Salz

Für die Garnelen:

10 Riesengarnelen
1–2 TL mildes Olivenöl
1–2 EL Butter
1 kleiner Splitter Zimtrinde
1 kleines Stück Vanilleschote
1 Knoblauchzehe (geschält und halbiert)
1 Scheibe Ingwer
1 TL »Schuhbecks Thaicurry« (ersatzweise fruchtiges Currypulver)
Salz · Pfeffer aus der Mühle

Zum Anrichten:

100 ml FC-Bayern-Dressing (siehe Seite 50)

Zubereitung:

1 Für den Salat die Salatblätter waschen, trockenschleudern und in kleine Stücke zupfen. Die Radieschen putzen, waschen und in dünne Scheiben schneiden. Die Pinienkerne in einer beschichteten Pfanne ohne Fett hell anrösten und beiseite stellen.

2 Das Toastbrot entrinden und in kleine Würfel schneiden. Die Butter in einer Pfanne zerlassen und die Brotwürfel darin bei milder Hitze goldbraun braten. Auf Küchenpapier abtropfen lassen und leicht mit Salz würzen.

3 Für die Garnelen die Riesengarnelen schälen, am Rücken entlang einschneiden und den Darm entfernen. Die Garnelen halbieren. Das Olivenöl in einer Pfanne erhitzen und die Garnelen darin bei milder Hitze etwa 1 bis 2 Minuten anbraten und auf einem vorgewärmten Teller beiseite stellen.

4 Das Fett mit Küchenpapier aus der Pfanne tupfen und die Butter darin bei milder Hitze zerlassen. Zimt, Vanilleschote, Knoblauch und Ingwer dazugeben, zuletzt das Thaicurry unter die Butter rühren. Die Garnelen nochmals in der Gewürzbutter erwärmen und mit Salz und Pfeffer würzen.

5 Zum Anrichten die Salatblätter mit dem FC-Bayern-Dressing marinieren und auf Teller verteilen. Mit den Croûtons, den Radieschen, den Pinienkernen und nach Belieben mit Schnittlauch bestreuen, die Garnelen darauf anrichten.

Der **Meister**-Tipp

Statt mit Garnelen können Sie den Salat auch mit gebackenen Weißwurstradeln (siehe Seite 28) oder mit kleinen Fleischpflanzerln (siehe Seite 22) kombinieren.

FC BAYERN MÜNCHEN

3 Suppen & Eintöpfe

Kräutersuppe mit Croûtons

Zutaten für 4 Personen:

Für die Suppe:

100 g junger Blattspinat · Salz
100 g frische Kräuter (z. B. Basilikum, Kerbel, Petersilie, Dill, Bärlauch, Sauerampfer)
1 Zwiebel
1 kleine Kartoffel (ca. 70 g)
3 EL kalte Butter
1 l Geflügelbrühe · 120 g Sahne
1 Streifen unbehandelte Zitronenschale
1 Knoblauchzehe (in Scheiben)
Cayennepfeffer
frisch geriebene Muskatnuss

Für die Croûtons:

2 Scheiben Toastbrot
4 EL Butter · Salz

Zubereitung:

1 Für die Suppe die Spinatblätter verlesen, waschen und abtropfen lassen, grobe Stiele entfernen. Den Spinat in kochendem Salzwasser blanchieren. In ein Sieb abgießen, kalt abschrecken und abtropfen lassen. Die Blätter mit den Händen gut ausdrücken und klein hacken.

2 Die Kräuter waschen und trockenschütteln, die Blätter oder Spitzen von den Stielen zupfen und hacken. Die Zwiebel und die Kartoffel schälen und in kleine Würfel schneiden. In einem Topf 1 EL Butter zerlassen, die Zwiebel- und die Kartoffelwürfel darin bei milder Hitze glasig anschwitzen. Die Geflügelbrühe dazugießen und alles etwa 25 Minuten mehr ziehen als köcheln lassen. Anschließend die Sahne hinzufügen und die Suppe mit dem Stabmixer pürieren. Die Zitronenschale einlegen, einige Minuten in der Suppe ziehen lassen und wieder entfernen.

3 Für die Croûtons das Toastbrot entrinden und in kleine Würfel schneiden. Die Butter in einer Pfanne zerlassen und die Brotwürfel darin bei milder Hitze rundum goldbraun braten. Auf Küchenpapier abtropfen lassen und leicht mit Salz würzen.

4 Kurz vor dem Servieren Spinat, Kräuter, Knoblauch und die restliche Butter mit dem Stabmixer unter die Suppe schlagen. Mit Salz, 1 Prise Cayennepfeffer und Muskatnuss abschmecken. Die Kräutersuppe in vorgewärmten Suppentellern anrichten. Nach Belieben mit Kräutern garnieren und mit den Croûtons bestreut servieren.

Der **Meister**-Tipp

Servieren Sie die Kräutersuppe möglichst ganz frisch, dann hat sie noch ihre kräftige grüne Farbe.

Kalte Gurkensuppe
mit Sahne und Dill

Zutaten für 4 Personen:

2 große Salatgurken
1/4 l Mineralwasser
(ohne Kohlensäure)
1 EL milder Weinessig
1/2 Knoblauchzehe (geschält)
Salz · Cayennepfeffer
Zucker · 50 g Sahne
Dillstiele zum Garnieren

Zubereitung:

1 Die Gurken schälen und der Länge nach halbieren. Die Kerne mit einem Löffel entfernen und das Fruchtfleisch in kleine Würfel schneiden.

2 Die Gurken mit dem Mineralwasser, dem Essig und dem Knoblauch im Küchenmixer oder mit dem Stabmixer fein pürieren. Mit Salz und je 1 Prise Cayennepfeffer und Zucker würzen.

3 Die Sahne hinzufügen und die Gurkensuppe gegebenenfalls noch einmal abschmecken. Die Suppe abgedeckt etwa 2 Stunden kühl stellen.

4 Den Dill waschen und trockenschütteln, die Spitzen von den Stielen zupfen. Die Gurkensuppe aus dem Kühlschrank nehmen, noch etwas nachwürzen und in gut gekühlten Suppenschalen anrichten. Mit dem Dill garnieren und nach Belieben mit Gurkenwürfeln bestreuen.

Der Meister-Tipp

Eine Erfrischung an heißen Sommertagen: die Suppe »on the rocks« in einer Schüssel mit Eiswürfeln servieren. Wer mag, kann noch selbst gemachte Croûtons (siehe Seite 62) über die Gurkensuppe streuen.

Tomatensuppe
mit Basilikum und Zimt

Zutaten für 4 Personen:

1 kleine Zwiebel
80 ml mildes Olivenöl
$\frac{1}{2}$ l Gemüsebrühe
1 Knoblauchzehe
650 g stückige Tomaten
(Pizzatomaten; aus der Dose)
1 Bund Basilikum
1 Splitter Zimtrinde
Salz · Cayennepfeffer
Zucker

Zubereitung:

1 Die Zwiebel schälen und in kleine Würfel schneiden. In einem Topf 1 EL Olivenöl erhitzen und die Zwiebelwürfel darin bei milder Hitze glasig anschwitzen. Die Gemüsebrühe hinzufügen und die Zwiebelwürfel darin 5 Minuten garen.

2 Den Knoblauch schälen und in Scheiben schneiden. Die Dosentomaten samt Saft zur Suppe geben, einige Minuten mitköcheln lassen und den Knoblauch hinzufügen. Die Suppe mit dem Stabmixer pürieren, dabei nach und nach das restliche Öl hinzufügen.

3 Das Basilikum waschen und trockenschütteln. Von einigen Basilikumstielen die Blätter abzupfen, hacken und zum Garnieren beiseite legen. Die restlichen Stiele mit dem Zimt in die Tomatensuppe geben, einige Minuten ziehen lassen und wieder entfernen. Die Suppe mit Salz und je 1 Prise Cayennepfeffer und Zucker abschmecken.

4 Die Tomatensuppe auf vorgewärmte Suppenteller verteilen und mit Basilikum bestreut servieren.

Der **Meister**-Tipp

Zu Tomaten passt ein Hauch Zimt sehr gut. Verwenden Sie am besten Kassiazimt: Er lässt sich besonders gut in Splitter zerteilen, ohne zu bröseln.

Bayerische Festtagssuppe

Zutaten für 4 Personen:

Für die Suppe:

1–2 EL Öl · 1,2 kg Tafelspitz
3 Zwiebeln
150 g Knollensellerie
1 Karotte
½ Stange Lauch
1 Lorbeerblatt
3 Wacholderbeeren
½ TL schwarze Pfefferkörner
1 Streifen unbehandelte Zitronenschale
5 Petersilienstiele
1 kleines Blatt Liebstöckel
2 Scheiben Knoblauch
1 Scheibe Ingwer · Salz

Für die Grießnockerln:

50 g weiche Butter · 1 Ei
80 g Weichweizengrieß · Salz
frisch geriebene Muskatnuss

Für die Leberspätzle:

1 Ei · 1 TL Öl
50 g durchgedrehte Kalbsleber
50 g doppelgriffiges Mehl
Salz · Pfeffer aus der Mühle
frisch geriebene Muskatnuss
1 Msp. abgeriebene unbehandelte Zitronenschale
getrockneter Majoran

Zum Anrichten:

frisch geriebene Muskatnuss
1 EL Petersilie (gehackt)

Zubereitung:

1 Für die Suppe das Öl in einer Pfanne erhitzen und den Tafelspitz darin bei mittlerer Hitze rundum anbraten. In einen Topf geben und so viel Wasser angießen, dass das Fleisch gut bedeckt ist. Den Tafelspitz bei milder Hitze 3 Stunden mehr ziehen als köcheln lassen, dabei den aufsteigenden Schaum abschöpfen.

2 1 Zwiebel mit Schale halbieren, die Schnittflächen mit Alufolie bedecken und in einer unbeschichteten Pfanne ohne Fett bräunen. Die Zwiebelhälften in die Suppe geben. Die restlichen Zwiebeln, den Knollensellerie und die Karotte schälen, den Lauch putzen und waschen. Alle Gemüsesorten grob zerkleinern. Zwiebeln, Sellerie und Karotte nach 1 Stunde zur Brühe geben, den Lauch nach 2 Stunden hinzufügen. Das Lorbeerblatt, die Wacholderbeeren und die Pfefferkörner 30 Minuten vor Ende der Garzeit dazugeben.

3 Am Ende der Garzeit das Fleisch herausnehmen und die Brühe durch ein feines Sieb gießen. Zitronenschale, Petersilienstiele, Liebstöckel, Knoblauch und Ingwer hinzufügen, einige Minuten in der Brühe ziehen lassen und wieder entfernen. Die Brühe mit Salz würzen.

4 Für die Grießnockerln die Butter hell-schaumig schlagen, das Ei hinzufügen und so lange rühren, bis die Masse bindet. Den Grieß unterrühren, mit Salz und Muskatnuss würzen. Die Grießmasse mindestens 1 Stunde quellen lassen.

5 In einem Topf Salzwasser zum Kochen bringen. Aus der Grießmasse mit zwei Teelöffeln gleichmäßige Nocken abstechen, die Löffel dabei zwischendurch in heißes Wasser tauchen. Die Grießnockerl im Salzwasser bei milder Hitze etwa 15 Minuten garen und mit der Schaumkelle herausheben.

6 Für die Leberspätzle das Ei und das Öl mit dem Stabmixer verrühren, dann die Leber unterrühren. Die Ei-Leber-Mischung mit Mehl, Salz, Pfeffer, Muskatnuss, Zitronenschale und 1 Prise Majoran mit dem Handrührgerät zu einem glatten, blasigen Teig verrühren. In einem Topf Salzwasser zum Kochen bringen und den Teig mit dem Spätzlehobel hineinhobeln. Die Spätzle garen, bis sie an die Oberfläche steigen, noch kurz ziehen lassen und mit der Schaumkelle herausheben.

7 Zum Anrichten etwas Muskatnuss in vorgewärmte Suppenteller reiben und den Tafelspitz, die Grießnockerln und die Leberspätzle hineingeben. Nach Belieben Kräuterpfannkuchen-Streifen als weitere Einlage hinzufügen. Die Suppe darüber gießen und mit Petersilie bestreuen.

Lauchsuppe
mit Weißwein und Zitrone

Zutaten für 4 Personen:

2 Stangen Lauch (ca. 600 g)
1 TL Puderzucker
80 ml Weißwein
4 EL kalte Butter
1 l Geflügelbrühe
80 g Sahne
4 Streifen unbehandelte Zitronenschale
1 Knoblauchzehe (geschält und halbiert)
1 Scheibe Ingwer
Salz
gemahlener Piment
Cayennepfeffer
einige Spritzer Zitronensaft

Zubereitung:

1 Den Lauch putzen, waschen, längs halbieren und quer in feine Streifen schneiden.

2 Den Puderzucker in einer Pfanne bei milder Hitze hell karamellisieren lassen, den Weißwein dazugießen und auf ein Drittel einkochen lassen.

3 In einem Topf 1 EL Butter zerlassen und die Lauchstreifen darin bei milder Hitze glasig anschwitzen. Die Geflügelbrühe dazugießen und bei milder Hitze 15 Minuten mehr ziehen als köcheln lassen.

4 Ein Viertel des Lauchs mit der Schaumkelle herausnehmen und beiseite legen. Die Sahne in die Brühe geben, die Suppe mit dem Stabmixer pürieren und die restliche Butter unterrühren. Die Zitronenschale, den Knoblauch und den Ingwer hinzufügen, einige Minuten in der Suppe ziehen lassen und wieder entfernen.

5 Die Lauchstreifen zurück in die Suppe geben und den eingekochten Weißwein unterrühren. Die Suppe mit Salz, Piment, 1 Prise Cayennepfeffer und Zitronensaft abschmecken.

Der **Meister**-Tipp

In diese Suppe passen als Einlage besonders gut wahlweise kleine, gekochte Kartoffelwürfel oder Krabben.

Spargelsuppe
mit pochierten Lachswürfeln

Zutaten für 4 Personen:

je 200 g grüner und weißer Spargel
1 l Gemüsebrühe
80 g Sahne
1 Streifen unbehandelte Zitronenschale
2 EL kalte Butter
Salz · Cayennepfeffer
frisch geriebene Muskatnuss
einige Spritzer Zitronensaft
250 g Lachsfilet (küchenfertig)

Zubereitung:

1 Den Spargel waschen. Die weißen Spargelstangen ganz, die grünen Stangen nur im unteren Drittel schälen, jeweils die holzigen Enden abschneiden.

2 Die Gemüsebrühe in einem Topf zum Kochen bringen und die Spargelschalen darin bei milder Hitze 20 Minuten garen. Durch ein Sieb gießen, dabei den Sud auffangen. Die Schalen mit dem Rücken der Schöpfkelle gut ausdrücken und entfernen.

3 Die Spargelstangen schräg in ½ cm dicke Scheiben schneiden und im Spargelsud bei milder Hitze 5 bis 10 Minuten bissfest garen. Den Sud erneut durch ein Sieb gießen und die Spargelscheiben warm stellen.

4 Den Sud zurück in den Topf geben, die Sahne hinzufügen und bis knapp unter dem Siedepunkt erhitzen. Die Suppe vom Herd nehmen, die Zitronenschale einige Minuten in der Suppe ziehen lassen und wieder entfernen. Die Butter mit dem Stabmixer unterrühren und die Suppe mit Salz, Cayennepfeffer, Muskatnuss und Zitronensaft abschmecken.

5 Das Lachsfilet waschen, trockentupfen und in etwa 1 ½ cm große Würfel schneiden. Die Lachswürfel in Salzwasser knapp unter dem Siedepunkt 2 bis 3 Minuten glasig durchziehen lassen. Mit der Schaumkelle herausheben und mit dem Spargel auf vorgewärmte Suppenteller verteilen. Die Suppe mit dem Stabmixer aufschäumen und darüber geben.

Der **Meister**-Tipp

Wenn Sie die Suppe lieber etwas sämiger möchten, können Sie einfach ½ gekochte Kartoffel mit der Butter unter die Suppe mixen.

Geflügel-Gemüse-Eintopf
mit Pfifferlingen

Zutaten für 8 Personen:

1 Freilandhuhn (ca. 1,4 kg)
3 1/2–4 l Gemüsebrühe
1 Karotte
1 Petersilienwurzel
150 g Knollensellerie
1/2 dünne Stange Lauch
1/2 Zwiebel
1 Lorbeerblatt
1/2 TL Pimentkörner
1/2–1 TL schwarze Pfefferkörner
150 g kleine Pfifferlinge
1/2–1 EL Öl
Salz · Pfeffer aus der Mühle
5 Petersilienstiele
2 Streifen unbehandelte Zitronenschale
1 Knoblauchzehe (geschält und halbiert)
2 Scheiben Ingwer
Cayennepfeffer
frisch geriebene Muskatnuss
2 EL Schnittlauchröllchen

Zubereitung:

1 Das Huhn unter fließendem kaltem Wasser gründlich waschen und die Fettdrüsen am Schwanz (Sterzel) herausschneiden. Das Huhn in einen entsprechend großen Topf geben und so viel Gemüsebrühe angießen, dass es gut bedeckt ist. Langsam zum Kochen bringen und das Huhn bei milder Hitze etwa 1 1/2 Stunden garen, dabei den aufsteigenden Schaum abschöpfen.

2 Die Karotte, die Petersilienwurzel und den Knollensellerie schälen, den Lauch putzen und waschen. Die Schnittseite der ungeschälten Zwiebelhälfte mit Alufolie bedecken und in einer unbeschichteten Pfanne ohne Fett dunkel rösten. Die Zwiebelhälfte mit Lorbeerblatt, Piment- und Pfefferkörnern, Karotte, Petersilienwurzel, Sellerie und Lauch nach etwa 45 Minuten Garzeit zur Brühe geben.

3 Das Huhn aus der Brühe heben, die Brüste und die Keulen auslösen und von Haut und Knochen befreien. Die Brühe vorsichtig durch ein feines Sieb gießen und für die Suppe 1 1/2 l abmessen. Die restliche Brühe kühl stellen oder einfrieren, bis man sie anderweitig verwendet. Das Fleisch, die Karotte, die Petersilienwurzel und den Sellerie jeweils in etwa 1 1/2 cm große Stücke schneiden.

4 Die Pfifferlinge putzen und trocken abreiben, größere Pilze eventuell klein schneiden. Das Öl in einer Pfanne erhitzen und die Pilze darin kurz anbraten. Mit Salz und Pfeffer würzen und auf Küchenpapier abtropfen lassen.

5 Die abgemessene Brühe in einem Topf erhitzen, Petersilienstiele, Zitronenschale, Knoblauch und Ingwer hinzufügen und bei milder Hitze 5 Minuten garen. Die Gewürze und die Petersilie wieder entfernen und die Brühe mit Salz, 1 Prise Cayennepfeffer und Muskatnuss abschmecken.

6 Das Geflügelfleisch und das Gemüse in der Brühe erhitzen und die Pfifferlinge dazugeben. Den Eintopf auf vorgewärmte Suppenteller verteilen und mit Schnittlauch bestreut servieren.

Kohlrabisuppe
mit Krebsschwänzen

Zutaten für 4 Personen:

600 g Kohlrabi
½ kleine Zwiebel
1 EL Öl
900 ml Geflügelbrühe
80 g Sahne
2 EL kalte Butter
Salz
frisch geriebene Muskatnuss
Cayennepfeffer
150 g Krebsschwanzfleisch (aus dem Glas)
1 EL Petersilie (gehackt)

Zubereitung:

1 Die Kohlrabi putzen und schälen, die holzigen Teile entfernen und die Kohlrabi in ½ bis 1 cm große Würfel schneiden. Die Zwiebel schälen und in kleine Würfel schneiden.

2 Das Öl in einem Topf erhitzen und die Zwiebelwürfel darin glasig anschwitzen. Die Kohlrabiwürfel hinzufügen und die Geflügelbrühe dazugießen. Die Kohlrabiwürfel in der Brühe bei milder Hitze 15 bis 20 Minuten weich garen. Die Hälfte der Kohlrabiwürfel mit der Schaumkelle aus der Brühe nehmen und beiseite legen. Die Sahne unterrühren, die Butter hinzufügen und die Suppe mit dem Stabmixer pürieren. Mit Salz, Muskatnuss und 1 Prise Cayennepfeffer abschmecken.

3 Die Krebsschwänze unter fließendem kaltem Wasser waschen und gut abtropfen lassen. Die beiseite gelegten Kohlrabiwürfel mit den Krebsschwänzen in ein wenig Suppe kurz erwärmen und auf vorgewärmte Suppenteller verteilen. Die restliche Kohlrabisuppe mit dem Stabmixer noch einmal kurz aufschäumen und darüber geben. Mit Petersilie bestreut servieren.

Der **Meister**-Tipp

Zum Garnieren kann man kleine Kohlrabiblätter kurz in Salzwasser blanchieren, in Streifen schneiden und mit der Petersilie über die Suppe streuen.

Blumenkohlsuppe
mit Curry und Crevetten

Zutaten für 4 Personen:

150 g vorgegarte Crevetten (Tiefseegarnelen; tiefgekühlt oder eingelegt)
1 Blumenkohl (ca. 800 g)
1 l Gemüsebrühe
1 kleine Knoblauchzehe
1 Scheibe Ingwer
80 g Sahne
1 TL Currypulver
1 EL kalte Butter
Salz

Zubereitung:

1 Die tiefgekühlten Crevetten auftauen lassen. Anschließend unter fließendem kaltem Wasser waschen und gut abtropfen lassen. Die eingelegten Crevetten auf einem Sieb abtropfen lassen.

2 Den Blumenkohl putzen, waschen und in kleine Röschen teilen. Die Gemüsebrühe in einem Topf erhitzen und den Blumenkohl darin bei milder Hitze etwa 20 Minuten weich garen. Ein Drittel des Blumenkohls mit der Schaumkelle herausheben und beiseite legen. Die Suppe mit dem Stabmixer pürieren.

3 Den Knoblauch schälen und in Stücke schneiden, mit dem Ingwer, der Sahne und dem Curry unter die Suppe mixen. Bei milder Hitze einige Minuten ziehen lassen, dann die Butter untermixen. Die Suppe mit Salz und gegebenenfalls noch mit etwas Curry abschmecken.

4 Die Crevetten und die Blumenkohlröschen in die Suppe geben und einige Minuten darin erwärmen. Die Blumenkohlsuppe auf vorgewärmte Suppenteller verteilen.

Der **Meister**-Tipp

Eine exotische Note bekommt die Suppe, wenn Sie die Sahne durch Kokosmilch ersetzen. Je nach Vorliebe können Sie dann noch etwas zerdrücktes Zitronengras darin ziehen lassen.

Feuriger Bohneneintopf
mit Tomaten und Speck

Zutaten für 4 Personen:

200 g kleine, getrocknete weiße Bohnen
Salz
2 kleine Zwiebeln
1 Karotte
2 Stangen Staudensellerie
2 EL Öl
½–1 EL Tomatenmark
100 g passierte Tomaten (aus der Dose)
700 ml Geflügelbrühe
1 Lorbeerblatt
1 kleine getrocknete Chilischote
80 g durchwachsener Speck (in Scheiben)
1 EL »Schuhbecks Gulaschgewürz« (siehe Tipp Seite 76)
1 EL Petersilie (gehackt)

Zubereitung:

1 Die Bohnen über Nacht in kaltem Wasser einweichen. Am nächsten Tag abgießen und in leicht gesalzenem Wasser knapp 3 Stunden weich kochen. In ein Sieb abgießen und abtropfen lassen.

2 Die Zwiebeln und die Karotte schälen, den Staudensellerie putzen und waschen. Die Zwiebeln in 1 cm große Blätter, die Karotte und den Sellerie schräg in 2 bis 3 mm dicke Scheiben schneiden.

3 In einem Topf 1 EL Öl erhitzen, das Gemüse und die Bohnen darin bei milder Hitze glasig anschwitzen. Das Tomatenmark unterrühren und kurz mitschwitzen lassen. Die Dosentomaten hinzufügen und die Geflügelbrühe dazugießen. Das Lorbeerblatt mit der Chilischote in ein Gewürzsäckchen füllen (siehe Tipp Seite 78) und in den Eintopf geben. Das Gemüse bei milder Hitze etwa 15 Minuten garen.

4 Inzwischen den Speck in 1 cm breite Streifen schneiden. Das restliche Öl in einer Pfanne erhitzen, den Speck darin kross braten und auf Küchenpapier abtropfen lassen.

5 Das Gulaschgewürz unter den Eintopf rühren und mit Salz würzen. Das Gewürzsäckchen entfernen und den Speck in den Eintopf geben. Den Bohneneintopf gegebenenfalls noch etwas nachwürzen und vor dem Servieren mit Petersilie bestreuen.

Der **Meister**-Tipp

Zusätzlich kann man noch gebratene und in Scheiben geschnittene Rostbratwürstel in den Eintopf geben.

Gulaschsuppe mit Kartoffeln

Zutaten für 4 Personen:

700 g Rindfleisch (aus der Wade oder der Schulter)
400 g Zwiebeln
2 EL Öl
1 EL Tomatenmark
1 l Geflügelbrühe
je 1/2 gelbe und rote Paprikaschote
1/2 Zucchino
400 g Kartoffeln
1–2 EL »Schuhbecks Gulaschgewürz« (siehe Tipp)
1/2–1 TL Cayennepfeffer
Salz · 2 EL Petersilie (grob gehackt)

Zubereitung:

1 Das Rindfleisch von groben Sehnen befreien und in 1 cm große Würfel schneiden. Die Zwiebeln schälen und in kleine Würfel schneiden. Das Öl in einem großen, breiten Topf erhitzen und die Fleischwürfel darin bei mittlerer Hitze von allen Seiten gut anbraten. Das Tomatenmark unterrühren und kurz mitbraten, die Zwiebeln dazugeben und einige Minuten mitdünsten. Die Geflügelbrühe dazugießen und die Suppe bei milder Hitze 1 1/2 bis 2 Stunden mehr ziehen als köcheln lassen, bis das Fleisch gar ist.

2 Die Paprikahälften entkernen und waschen. Den Zucchino putzen und waschen, die Kartoffeln schälen. Alles in etwa 1 cm große Würfel schneiden.

3 Die Paprika-, Zucchini- und Kartoffelwürfel 30 Minuten vor Ende der Garzeit in die Suppe geben. Die Suppe mit dem Gulaschgewürz, Cayennepfeffer und etwas Salz würzen. Die Gulaschsuppe auf vorgewärmte Suppenteller verteilen, mit Petersilie bestreut servieren.

Der Meister-Tipp

So kann man das Gulaschgewürz selbst machen: 2 Knoblauchzehen mit je 1 bis 2 TL ganzem Kümmel, Zitronenschale und Majoran fein hacken. 1 bis 2 TL edelsüßes Paprikapulver mit etwas Wasser anrühren und mit den Gewürzen mischen.

Lammeintopf mit Bohnen

Zutaten für 4 Personen:

400 g Lammfleisch (aus der Schulter)
3 Zwiebeln
1 Lorbeerblatt
3 Gewürznelken · Salz
100 g Knollensellerie
1–2 Karotten
350 g kleine fest kochende Kartoffeln
300 g breite grüne Bohnen
2 Tomaten · 1 EL Öl
1 l Geflügelbrühe
1 Knoblauchzehe (geschält und halbiert)
1 Streifen unbehandelte Zitronenschale
½–1 TL Currypulver
gemahlener Kümmel
Cayennepfeffer
getrocknetes Bohnenkraut

Zubereitung:

1 Das Lammfleisch in etwa 2 cm große Würfel schneiden. 1 Zwiebel schälen, mit dem Lorbeerblatt belegen und das Blatt mit den Gewürznelken feststecken. In einem Topf reichlich Salzwasser zum Kochen bringen und die Fleischwürfel mit der gespickten Zwiebel darin etwa 1½ Stunden weich garen, dabei den aufsteigenden Schaum abschöpfen.

2 Die restlichen Zwiebeln, den Knollensellerie, die Karotten und die Kartoffeln schälen und in 1½ cm große Würfel schneiden. Die Bohnen putzen, waschen und schräg in 1 bis 1½ cm breite Stücke schneiden. Die Bohnen in kochendem Salzwasser bissfest blanchieren, in ein Sieb abgießen, kalt abschrecken und abtropfen lassen. Den Stielansatz der Tomaten entfernen, die Tomaten kreuzweise einritzen und etwa 20 Sekunden in kochendes Wasser tauchen. Kalt abschrecken, häuten, entkernen und in kleine Würfel schneiden.

3 Das Öl in einem Topf erhitzen, die Zwiebel-, Sellerie-, Karotten- und Kartoffelwürfel darin bei milder Hitze glasig anschwitzen. Die Geflügelbrühe dazugießen und das Gemüse bei milder Hitze 30 Minuten weich garen. Die Fleischwürfel aus dem Sud nehmen und mit den Bohnen und den Tomatenwürfeln zum Gemüse geben.

4 Den Knoblauch und die Zitronenschale in den Eintopf geben, einige Minuten darin ziehen lassen und wieder entfernen. Den Eintopf mit Salz, Curry und je 1 Prise Kümmel, Cayennepfeffer und Bohnenkraut würzen. Den Lammeintopf auf vorgewärmte Suppenteller verteilen.

Der **Meister**-Tipp

Für diesen Eintopf eignen sich auch andere Gemüsesorten, wie z. B. Pastinaken, Petersilienwurzeln, Fenchel oder rote Paprikaschoten.

Süßsauer marinierte
Rostbratwürstel

Zutaten für 4 Personen:

1 große Zwiebel
1 kleine Karotte
100 g Knollensellerie
500 g Nürnberger Rostbratwürste
3 Wacholderbeeren
5 Pimentkörner
1 TL schwarze Pfefferkörner
1 EL Puderzucker
1 l Geflügelbrühe
1 kleines Lorbeerblatt
4 EL Rotweinessig
1 EL Zucker
Salz · Cayennepfeffer
½ Knoblauchzehe (geschält)
1 Streifen unbehandelte Zitronenschale
1 Scheibe Ingwer
4 EL kalte Butter
2 EL Schnittlauchröllchen

Zubereitung:

1 Die Zwiebel, die Karotte und den Knollensellerie schälen und alles in ½ cm große Würfel schneiden. Die Rostbratwürste in ½ bis 1 cm dicke Scheiben schneiden. Wacholderbeeren, Piment- und Pfefferkörner in ein Gewürzsäckchen füllen (siehe Tipp).

2 Den Puderzucker in einem Topf bei mittlerer Hitze hell karamellisieren lassen und das Gemüse darin glasig anschwitzen. Die Geflügelbrühe dazugießen, das Lorbeerblatt und das Gewürzsäckchen hinzufügen. Das Gemüse bei milder Hitze gut 10 Minuten garen, bis es fast weich ist.

3 Die Brühe mit Essig, Zucker, etwas Salz und 1 Prise Cayennepfeffer abschmecken. Die Wurstscheiben hinzufügen. Knoblauch, Zitronenschale und Ingwer dazugeben und etwa 3 Minuten in der Brühe ziehen lassen. Die ganzen Gewürze und das Gewürzsäckchen wieder entfernen.

4 Den Sud durch ein Sieb gießen und die Butter mit dem Stabmixer unterrühren. Die Suppe gegebenenfalls mit Zucker, Salz und Essig nachwürzen. Die Rostbratwürste und das Gemüse auf vorgewärmte Suppenteller verteilen, die Suppe darüber geben und mit Schnittlauch bestreuen.

Der Meister-Tipp

Gewürzsäckchen verwendet man, wenn viele ganze Gewürze nach dem Garen wieder aus dem Gericht entfernt werden sollen. Am besten eignen sich dafür Tee-Eier oder Einwegteebeutel, die mit einer Klammer verschlossen werden.

Kopfsalat-Erbsensuppe
mit Minze und Kabanossi

Zutaten für 4 Personen:

1 Zwiebel
1 EL Öl
300 g Erbsen (tiefgekühlt)
3/4 l Geflügelbrühe
80 g Sahne
2 EL kalte Butter
Salz · Cayennepfeffer
frisch geriebene Muskatnuss
100 g Kabanossi
4 Kopfsalatblätter
1 EL Petersilie (gehackt)
1 EL Minze (gehackt)

Zubereitung:

1 Die Zwiebel schälen und in kleine Würfel schneiden. Das Öl in einem Topf erhitzen und die Zwiebelwürfel darin bei milder Hitze anschwitzen. Die Erbsen und die Geflügelbrühe dazugeben. Das Gemüse bei milder Hitze 3 bis 5 Minuten weich garen.

2 4 EL Erbsen aus der Suppe nehmen und beiseite legen. Die Sahne hinzufügen und kurz erhitzen. Die Butter hinzufügen und die Suppe mit dem Stabmixer pürieren. Mit Salz, 1 Prise Cayennepfeffer und Muskatnuss abschmecken.

3 Die Kabanossi in dünne Scheiben schneiden. Die Kopfsalatblätter waschen, trockenschleudern und in feine Streifen schneiden. Mit den beiseite gelegten Erbsen, den Kabanossischeiben, der Petersilie und der Minze auf vorgewärmte Suppenteller verteilen. Die Suppe nochmals aufschäumen, darüber geben und nach Belieben mit Minzezweigen garniert servieren.

Der **Meister**-Tipp

Die Kabanossischeiben können nach Belieben durch gekochten Hinterschinken ersetzt werden. Den Schinken einfach in feine Würfel schneiden und statt der Kabanossi in die Suppe geben.

Kartoffelgulasch
mit Debreziner

Zutaten für 4 Personen:

600 g fest kochende Kartoffeln
1 rote Chilischote
1 l Gemüsebrühe
1 kleines Lorbeerblatt
1 Zwiebel
je 1 rote, grüne und gelbe Paprikaschote
1 EL Olivenöl
1–2 TL Tomatenmark
1–2 EL »Schuhbecks Gulaschgewürz« (siehe Tipp Seite 76)
Salz · Pfeffer aus der Mühle
300 g Debreziner

Zubereitung:

1 Die Kartoffeln schälen und in etwa 1 1/2 cm große Würfel schneiden. Die Chilischote längs halbieren, entkernen und waschen. Die Gemüsebrühe in einem Topf erhitzen, das Lorbeerblatt und die Chilischote dazugeben und die Kartoffelwürfel in der Brühe etwa 30 Minuten weich kochen.

2 Den Kartoffelsud durch ein Sieb gießen, dabei die Gewürze entfernen. Den Sud und etwa 70 g der Kartoffelwürfel mit dem Stabmixer pürieren und durch ein Sieb passieren. Nach Belieben mit Cayennepfeffer nachwürzen.

3 Die Zwiebel schälen und in etwa 1 1/2 cm große Würfel schneiden. Die Paprikaschoten längs halbieren, entkernen, waschen und mit dem Sparschäler schälen. Das Paprikafruchtfleisch in gleich große Rauten schneiden. Das Olivenöl in einem Topf erhitzen und die Zwiebelwürfel darin bei milder Hitze glasig anschwitzen, die Paprikarauten dazugeben und 2 bis 3 Minuten mitschwitzen. Das Tomatenmark unterrühren und den Kartoffelsud dazugießen. Das Gulaschgewürz hinzufügen und das Kartoffelgulasch 5 bis 10 Minuten leicht köcheln lassen. Die restlichen Kartoffelwürfel dazugeben und das Kartoffelgulasch mit Salz und Pfeffer abschmecken.

4 Die Debreziner in etwa 1/2 cm dicke Scheiben schneiden. Kurz vor dem Servieren in das Kartoffelgulasch geben und erwärmen, aber nicht mehr kochen lassen. Das Kartoffelgulasch auf vorgewärmte Suppenteller verteilen.

Der **Meister**-Tipp

Am besten fest kochende Kartoffeln verwenden, sie bleiben schön in Form und geben dem Sud eine leichte Bindung. Das Kartoffelgulasch eignet sich auch als Mitternachtsimbiss für eine Party, weil man es gut vorbereiten kann.

FC BAYERN MÜNCHEN

4
Pasta, Reis & Pizza

Spaghetti vongole
mit Chili und Anislikör

Zutaten für 4 Personen:

Für die Sauce:

$1\frac{1}{2}$ kg Venusmuscheln · Salz
1 kleine weiße Zwiebel
1 Karotte
1 Stange Staudensellerie
1 EL Olivenöl
50 ml Weißwein
$\frac{1}{4}$ l Gemüsebrühe
1 kleines Lorbeerblatt
1 Streifen unbehandelte Zitronenschale
1 Scheibe Knoblauch
1 kleine getrocknete Chilischote
2 cl Anislikör (z. B. Picard)

Für die Pasta:

400 g Spaghetti · Salz
2 EL Butter
1 EL Petersilie (grob gehackt)

Zubereitung:

1 Für die Sauce die Venusmuscheln unter fließendem kaltem Wasser gründlich säubern, geöffnete Muscheln aussortieren. In einem Topf etwa 200 ml Salzwasser zum Kochen bringen, die Muscheln hineingeben und zugedeckt bei mittlerer Hitze so lange garen, bis sie sich öffnen (etwa 2 Minuten). In ein Sieb abgießen und abtropfen lassen, geschlossene Muscheln aussortieren. 8 Muscheln für die Garnitur beiseite legen, von den restlichen Muscheln das Fleisch aus der Schale lösen.

2 Die Zwiebel und die Karotte schälen. Die Zwiebel in kleine Würfel schneiden, die Karotte auf der Gemüsereibe in dünne Scheiben hobeln. Den Staudensellerie putzen, waschen und in dünne Scheiben schneiden.

3 Das Olivenöl in einem Topf erhitzen und das Gemüse darin bei milder Hitze glasig anschwitzen, den Weißwein dazugießen und einkochen lassen. Die Gemüsebrühe angießen. Das Lorbeerblatt, die Zitronenschale, den Knoblauch und die Chilischote hinzufügen und die Sauce knapp unter dem Siedepunkt 5 Minuten ziehen lassen. Die Gewürze wieder entfernen und den Anislikör dazugeben.

4 Für die Pasta die Spaghetti nach Packungsanweisung in reichlich Salzwasser bissfest kochen und in ein Sieb abgießen. Die Nudeln in der Gemüsesauce erhitzen. Die Butter hinzufügen, zuletzt das Muschelfleisch und die Petersilie untermischen, gegebenenfalls noch etwas nachwürzen. Die Spaghetti vongole auf vorgewärmte Teller verteilen und mit den beiseite gelegten Muscheln garnieren.

Der **Meister**-Tipp

Statt mit der getrockneten Chilischote kann man die Gemüsesauce auch mit 1 Prise Cayennepfeffer würzen. Cayennepfeffer besteht aus gemahlenen Chilischoten, kann aber genauer dosiert werden.

Penne mit Tomatensauce

Zutaten für 4 Personen:

Für die Pasta:

400 g Penne · Salz

1–2 EL Olivenöl

Für die Sauce:

1/2 Knoblauchzehe

250 g geschälte Tomaten (aus der Dose)

100 ml Gemüsebrühe

50 ml mildes Olivenöl

1 kleines Stück Zimtrinde

Salz · Cayennepfeffer

Vanillezucker

Zum Anrichten:

1–2 EL Basilikum (gehackt)

2 EL geriebener Parmesan

Pfeffer aus der Mühle

Zubereitung:

1 Für die Pasta die Penne nach Packungsanweisung in reichlich Salzwasser bissfest kochen, in ein Sieb abgießen und abtropfen lassen. Die Nudeln auf einem Tablett ausbreiten, kurz ausdampfen lassen und mit dem Olivenöl vermischen.

2 Für die Sauce den Knoblauch schälen und in Scheiben schneiden. Die Dosentomaten samt Saft mit der Gemüsebrühe und dem Knoblauch in einem Topf erhitzen. Die Sauce mit dem Stabmixer pürieren, dabei nach und nach das Olivenöl hinzufügen. Den Zimt dazugeben, einige Minuten in der Sauce ziehen lassen und wieder entfernen. Mit Salz, Cayennepfeffer und 1 Prise Vanillezucker abschmecken.

3 Zum Anrichten die Penne in der Tomatensauce erhitzen und gegebenenfalls noch einmal nachwürzen. Auf vorgewärmten Tellern anrichten, mit Basilikum und Parmesan bestreuen und etwas Pfeffer grob darüber mahlen.

Der **Meister**-Tipp

Wenn Sie die Nudeln wie in diesem Rezept beschrieben vorbereiten, kann man sie im Kühlschrank 1 bis 2 Tage aufbewahren. Sie können die Nudeln dann entweder in der jeweiligen Sauce oder separat in etwas Brühe erhitzen.

Spaghettini mit Chilisauce

Zutaten für 4 Personen:

Für die Pasta:

400 g Spaghettini

Salz · 2 EL Olivenöl

Für die Sauce:

1 Knoblauchzehe

200 ml Gemüsebrühe

1 kleine getrocknete Chilischote

5 EL mildes Olivenöl

2 EL geriebener Parmesan

Zubereitung:

1 Für die Pasta die Spaghettini nach Packungsanweisung in reichlich Salzwasser bissfest kochen, in ein Sieb abgießen und abtropfen lassen. Die Nudeln auf einem Tablett ausbreiten, kurz ausdampfen lassen und mit dem Olivenöl vermischen.

2 Für die Sauce den Knoblauch schälen und in Scheiben schneiden. Die Gemüsebrühe mit dem Knoblauch und der Chilischote in einem großen Topf erhitzen. Die Nudeln in den Topf geben und erhitzen, bis die Brühe von den Nudeln vollständig aufgenommen worden ist. Das Olivenöl unterrühren und die Chilischote entfernen.

3 Die Spaghettini mit Chilisauce auf vorgewärmten Tellern anrichten und mit Parmesan bestreut servieren.

Der **Meister**-Tipp

Wer Knoblauch nicht gern mitisst, auf das würzige Aroma aber nicht verzichten möchte, halbiert die Zehe nur und entfernt sie vor dem Servieren wieder aus dem Gericht.

Fusilli
mit Gorgonzolasauce

Zutaten für 4 Personen:

Für die Pasta:

400 g Fusilli · Salz
2 EL Olivenöl

Für die Sauce:

160 g Gorgonzola
1/4 l Gemüsebrühe · 70 g Sahne
2 Scheiben Knoblauch
Cayennepfeffer
1 EL Butter · 2 Salbeiblätter
1 Birnenscheibe
(ca. 3 mm dick; entkernt)
1/4 Vanilleschote
1 EL Petersilie (gehackt)
frisch geriebene Muskatnuss
Pfeffer aus der Mühle

Zubereitung:

1 Für die Pasta die Fusilli nach Packungsanweisung in reichlich Salzwasser bissfest kochen, in ein Sieb abgießen und abtropfen lassen. Die Nudeln auf einem Tablett ausbreiten, kurz ausdampfen lassen und mit dem Olivenöl vermischen.

2 Für die Sauce den Gorgonzola entrinden und in Würfel schneiden. Die Gemüsebrühe erwärmen, den Gorgonzola und die Sahne hinzufügen und alles vorsichtig bis knapp unter den Siedepunkt erhitzen.

3 Den Knoblauch, 1 Prise Cayennepfeffer und die Butter hinzufügen. Die Salbeiblätter, die Birnenscheibe und die Vanilleschote dazugeben und einige Minuten in der Sauce ziehen lassen. Die Salbeiblätter und die Vanilleschote wieder entfernen und die Sauce mit dem Stabmixer pürieren.

4 Die Fusilli in der Gorgonzolasauce erhitzen. Die Petersilie untermischen, mit Muskatnuss und Pfeffer würzen. Die Fusilli auf vorgewärmte Teller verteilen und nach Belieben mit frittierten Salbeiblättern garniert servieren.

Der **Meister**-Tipp

Den Gorgonzola kann man durch andere gut schmelzende Käsesorten wie Romadur oder Bergkäse ersetzen. Wichtig ist, dass die Sauce nicht kocht, damit sie schön sämig bleibt.

Tortellini
mit Ricotta und Salbeibutter

Zutaten für 4 Personen:

Für die Tortellini:

140 g Mehl
60 g Hartweizengrieß
Salz · 2 Eier · 2 EL Olivenöl
Mehl zum Ausrollen
Eiweiß zum Bestreichen

Für die Füllung:

350 g Wurzelspinat · Salz
1/2 Zwiebel · 1 EL Butter
1 Msp. Knoblauch (gehackt)
150 g Ricotta
40 g geriebener Parmesan
1 EL braune Butter
(siehe Tipp Seite 45)
Pfeffer aus der Mühle
frisch geriebene Muskatnuss

Zum Fertigstellen:

4 dünne Scheiben
Parmaschinken
1 EL Öl · 100 g Butter
5 Salbeiblätter
1/2 Knoblauchzehe (in Scheiben)
1 kleine getrocknete Chilischote

Zubereitung:

1 Für die Tortellini Mehl, Grieß, 1 Prise Salz, Eier und Olivenöl in der Küchenmaschine zu einem glatten, elastischen Teig kneten. Den Teig in Frischhaltefolie wickeln und mindestens 30 Minuten ruhen lassen.

2 Für die Füllung die Spinatblätter verlesen, waschen und abtropfen lassen, grobe Stiele entfernen. Den Spinat in kochendem Salzwasser blanchieren. In ein Sieb abgießen, kalt abschrecken und abtropfen lassen. Die Blätter mit den Händen gut ausdrücken und klein hacken.

3 Die Zwiebel schälen und in kleine Würfel schneiden. Die Butter in einer Pfanne zerlassen, die Zwiebelwürfel und den Knoblauch darin bei milder Hitze glasig anschwitzen. Die Zwiebel-Knoblauch-Mischung mit dem Ricotta, dem Spinat, dem Parmesan und der braunen Butter verrühren. Die Füllung mit Salz, Pfeffer und Muskatnuss abschmecken.

4 Den Nudelteig vierteln und mit der Nudelmaschine oder dem Nudelholz zu 4 langen, dünnen Teigbahnen ausrollen, dabei mit etwas Mehl bestäuben. Mit einem Ausstecher (5 bis 6 cm Durchmesser) Kreise ausstechen und dünn mit Eiweiß bestreichen, die Teigbahnen, die nicht verwendet werden, mit Frischhaltefolie abdecken (sie trocknen sonst aus). Mit einem Teelöffel jeweils etwas Füllung in die Mitte setzen, den Teig darüber zusammenfalten, mit den Fingern um die Füllung herum andrücken und ohne Luftblasen verschließen. Die Ecken übereinander legen und zusammendrücken. Die Tortellini in siedendem Salzwasser bei mittlerer Hitze etwa 3 Minuten gar ziehen lassen, in ein Sieb abgießen und abtropfen lassen.

5 Zum Fertigstellen die Schinkenscheiben in 1 bis 2 cm breite Streifen schneiden. Das Öl in einer Pfanne erhitzen und die Schinkenstreifen darin bei milder Hitze kross braten. Für die Salbeibutter die Butter in einer großen Pfanne bei mittlerer Hitze mit den Salbeiblättern langsam bräunen lassen und vom Herd nehmen. Den Knoblauch und die Chilischote hinzufügen.

6 Die Tortellini in der Salbeibutter wenden, auf vorgewärmten Tellern anrichten und mit den gebratenen Schinkenstreifen bestreuen.

Farfalle
mit gebratenen Steinpilzen

Zutaten für 4 Personen:

Für die Pasta:

350 g Farfalle

Salz · 2 EL Olivenöl

Für die Sauce:

400 g Steinpilze

1 Zwiebel · 1 EL Butter

1/4 l Geflügelbrühe

50 g Sahne

Salz · Pfeffer aus der Mühle

gemahlener Kümmel

1/2 TL abgeriebene

unbehandelte Zitronenschale

1 EL Petersilie (gehackt)

Zubereitung:

1 Für die Pasta die Farfalle nach Packungsanweisung in reichlich Salzwasser bissfest kochen, in ein Sieb abgießen und abtropfen lassen. Die Nudeln auf einem Tablett ausbreiten, kurz ausdampfen lassen und mit dem Olivenöl vermischen.

2 Für die Sauce die Steinpilze putzen, trocken abreiben und in nicht zu dünne Scheiben schneiden. Die Zwiebel schälen und in sehr kleine Würfel schneiden. Die Butter in einer Pfanne zerlassen und die Zwiebelwürfel darin glasig anschwitzen. Die Pilze dazugeben und 1 bis 2 Minuten mitbraten. Die Geflügelbrühe und die Sahne hinzufügen, mit Salz, Pfeffer, 1 Prise Kümmel, Zitronenschale und Petersilie würzen.

3 Die Farfalle in der Sauce erhitzen und auf vorgewärmte Teller verteilen. Nach Belieben mit Petersilie garniert servieren.

Der **Meister**-Tipp

Je nach Angebot und persönlichem Geschmack kann man die Steinpilze auch durch Pfifferlinge, Egerlinge oder Champignons ersetzen.

Nudelfleckerl
mit Radi und Trüffel

Zutaten für 4 Personen:

Für die Nudelfleckerl:

250 g Mehl
100 g Hartweizengrieß
1 Ei · 4 Eigelb
2 EL Olivenöl · Salz
Mehl zum Ausrollen

Für die Sauce:

1/8 l Gemüsebrühe
125 g Sahne
einige Tropfen Trüffelöl
2 EL kalte Butter
400 g milder weißer Rettich
Salz
10 g frischer schwarzer Trüffel (geputzt)
Cayennepfeffer
frisch geriebene Muskatnuss

Zubereitung:

1 Für die Nudelfleckerl Mehl, Grieß, Ei, Eigelbe, Olivenöl und 1 Prise Salz zu einem glatten Teig verkneten. Den Teig in Frischhaltefolie wickeln und bei Zimmertemperatur etwa 30 Minuten ruhen lassen. Den Teig mit der Nudelmaschine oder dem Nudelholz dünn ausrollen, dabei mit etwas Mehl bestäuben. Den Teig in 1 bis 2 cm große Rauten schneiden.

2 Für die Sauce die Gemüsebrühe und die Sahne etwas einkochen lassen. Das Trüffelöl und die kalte Butter hinzufügen und die Sauce mit dem Stabmixer aufschäumen.

3 Den Rettich schälen, der Länge nach vierteln und in dünne Stifte schneiden. In kochendem Salzwasser bissfest blanchieren, in ein Sieb abgießen, kalt abschrecken und abtropfen lassen. Die Rettichstifte in die Sauce geben.

4 Die Nudelfleckerl in reichlich Salzwasser etwa 3 Minuten bissfest kochen. In ein Sieb abgießen, abtropfen lassen und in die Sauce geben. Mit dem Trüffelhobel etwas schwarzen Trüffel fein über die Nudeln hobeln. Mit Salz und je 1 Prise Cayennepfeffer und Muskatnuss abschmecken.

Der **Meister**-Tipp

Trüffelknollen werden mit einer weichen Bürste unter fließendem kaltem Wasser gesäubert. Sie halten sich einige Tage, wenn man sie in Küchenpapier wickelt und luftdicht verpackt oder in einem Schraubglas aufbewahrt.

Makkaroniauflauf
mit Lammragout

Zutaten für 4 Personen:

Für das Lammragout:

800 g Lammfleisch (aus der Schulter; küchenfertig)
2 Zwiebeln · 1 Karotte
3 rote türkische Peperoni
1/4 Fenchelknolle
1 Stange Staudensellerie
1–2 EL Öl
1 EL Tomatenmark
150 ml kräftiger Rotwein
1,2 l Geflügelbrühe
1 TL Fenchelkörner
1 Lorbeerblatt
1 kleine getrocknete Chilischote
2 TL Speisestärke
1 Knoblauchzehe (geschält und halbiert)
1 Scheibe Ingwer
1 Rosmarinzweig
1 Streifen unbehandelte Zitronenschale

Für den Auflauf:

500 g Makkaroni · Salz
Butter für die Form
250 g grob geriebener Taleggio (oder anderer gut schmelzender Käse)

Zubereitung:

1 Für das Lammragout das Lammfleisch in 1 1/2 bis 2 cm große Würfel schneiden. Die Zwiebeln und die Karotte schälen. Die Peperoni halbieren, entkernen und waschen. Den Fenchel und den Staudensellerie putzen und waschen. Das Gemüse in etwa 6 mm große Würfel schneiden.

2 Das Öl in einem breiten Topf erhitzen, die Fleischwürfel darin bei mittlerer Hitze rundum anbraten und herausnehmen. Das Gemüse in den Topf geben und anschwitzen, das Tomatenmark unterrühren und kurz mitschwitzen lassen. Mit der Hälfte des Rotweins ablöschen und sämig einköcheln lassen. Den restlichen Rotwein hinzufügen und ebenfalls sämig einköcheln lassen. Das Fleisch zurück in den Topf geben und so viel Geflügelbrühe angießen, dass das Fleisch gerade bedeckt ist. Das Lammfleisch zugedeckt bei milder Hitze etwa 2 1/2 Stunden weich schmoren.

3 Nach 2 Stunden die Fenchelkörner, das Lorbeerblatt und die Chilischote in ein Gewürzsäckchen füllen (siehe Tipp Seite 78) und in das Ragout legen. Die Speisestärke mit wenig kaltem Wasser glatt rühren und am Ende der Garzeit unter das Ragout rühren. Knoblauch, Ingwer, Rosmarin und Zitronenschale dazugeben, einige Minuten in dem Ragout ziehen lassen und mit dem Gewürzsäckchen wieder entfernen.

4 Für den Auflauf den Backofen auf 180 °C vorheizen. Die Makkaroni nach Packungsanweisung in reichlich Salzwasser bissfest kochen, in ein Sieb abgießen und abtropfen lassen. Eine Auflaufform mit Butter einfetten. Ein Drittel der Nudeln in der Form verteilen. Die Hälfte des Lammragouts darauf verteilen und die Hälfte des Käses darüber streuen. Je eine weitere Schicht Makkaroni und Ragout darauf verteilen und mit einer Schicht Nudeln abschließen. Den Makkaroniauflauf mit dem restlichen Käse bestreuen und im vorgeheizten Ofen auf der mittleren Schiene etwa 30 Minuten goldbraun backen.

Lasagne mit Geflügelbolognese

Zutaten für 4 Personen:

Für die Béchamelsauce:

60 g Butter · 60 g Mehl
400 ml Gemüsebrühe
400 ml kalte Milch
1/2 kleine Zwiebel
1 Lorbeerblatt
2 Gewürznelken
1 Thymianzweig
1 Knoblauchzehe
Salz · Cayennepfeffer
frisch geriebene Muskatnuss

Für die Sauce bolognese:

1 Zwiebel · 1 Karotte
1 Stange Staudensellerie
3 EL Olivenöl · 350 g Geflügelhackfleisch · 50 ml Weißwein
3 EL Tomatenmark
500 g stückige Tomaten (Pizzatomaten; aus der Dose)
200 ml Geflügelbrühe
1/2 TL getrockneter Oregano
2 Knoblauchzehen (geschält und halbiert)
1 Streifen unbehandelte Zitronenschale
Salz · Pfeffer aus der Mühle
Zucker · Cayennepfeffer

Zum Fertigstellen:

Butter für die Form
9 Lasagneblätter · 100 g Sahne
120 g geriebener Emmentaler

Zubereitung:

1 Für die Béchamelsauce die Butter in einem großen Topf zerlassen und das Mehl darin unter Rühren anschwitzen. Die Gemüsebrühe und die Milch unter Rühren hinzufügen.

2 Die Zwiebel schälen, die Schnittseite mit dem Lorbeerblatt belegen und das Blatt mit den Nelken feststecken. Die gespickte Zwiebel mit dem Thymian und dem ungeschälten Knoblauch in den Topf geben und unter Rühren langsam zum Kochen bringen. Die Sauce 10 bis 15 Minuten bei milder Hitze köcheln lassen. Zwiebel, Thymian und Knoblauch entfernen und die Sauce mit Salz, Cayennepfeffer und Muskatnuss würzen.

3 Für die Sauce bolognese die Zwiebel und die Karotte schälen, den Staudensellerie putzen und waschen. Alles in sehr kleine Würfel schneiden. Das Olivenöl in einem Topf erhitzen und die Gemüsewürfel darin bei milder Hitze glasig anschwitzen. Das Hackfleisch hinzufügen und so lange braten, bis es zerkrümelt und seine rosa Farbe verloren hat. Den Weißwein hinzufügen, das Tomatenmark unterrühren und die Sauce weitere 10 Minuten einköcheln lassen.

4 Dann die Dosentomaten samt Saft und die Geflügelbrühe dazugeben und die Sauce etwa 1 Stunde unter häufigem Rühren mehr ziehen als köcheln lassen. Den Oregano dazugeben, Knoblauch und Zitronenschale einlegen, 5 Minuten in der Sauce ziehen lassen und wieder entfernen. Die Sauce bolognese mit Salz, Pfeffer und je 1 Prise Zucker und Cayennepfeffer würzen.

5 Zum Fertigstellen den Backofen auf 175 °C vorheizen. Eine tiefe Auflaufform mit Butter einfetten. Ein Viertel der Béchamelsauce gleichmäßig in der Form verteilen, mit 3 Lasagneblättern bedecken und mit einem weiteren Viertel der Béchamelsauce bestreichen. Die Hälfte der Sauce bolognese darauf verteilen, eine weitere Lage Lasagneblätter, Béchamelsauce und Sauce bolognese darüber geben und mit Lasagneblättern abschließen. Die restliche Béchamelsauce mit der Sahne und dem Käse verrühren und die Lasagneblätter damit bestreichen. Die Lasagne im vorgeheizten Ofen auf der mittleren Schiene etwa 50 Minuten goldbraun backen.

Lammcannelloni
mit Tomatenragout

Zutaten für 4 Personen:

Für das Tomatenragout:

3 reife Tomaten · 1/2 Zucchino
1/2 Zwiebel · 1 EL Olivenöl
1 Knoblauchzehe · 2 EL Tomatenmark · 400 g passierte Tomaten (aus der Dose)
200 ml Geflügelbrühe
getrockneter Oregano
Salz · Cayennepfeffer

Für die Cannelloni:

70 g Toastbrot · 70 ml Milch
1 kleine Zwiebel · 1 EL Butter
450 g Lammhackfleisch · 2 Eier
2 TL scharfer Senf
je 1/2–1 TL abgeriebene unbehandelte Zitronen- und Orangenschale
Salz · Pfeffer aus der Mühle
Cayennepfeffer
1–2 TL »Schuhbecks toskanisches Nudelgewürz« (ersatzweise getrockneter Oregano)
1/2 Knoblauchzehe (gehackt)
1 EL Petersilie (grob gehackt)
16 Cannelloni · Öl für die Form

Zum Fertigstellen:

100 g gut schmelzender Käse (z. B. Taleggio)
3 EL geriebener Parmesan
5 EL Sahne

Zubereitung:

1 Für das Tomatenragout den Stielansatz der Tomaten entfernen, die Tomaten kreuzweise einritzen und 20 Sekunden in kochendes Wasser tauchen. Kalt abschrecken, häuten, vierteln, entkernen und in kleine Würfel schneiden. Den Zucchino putzen und waschen, die Zwiebel schälen. Beides in 1/2 cm große Würfel schneiden.

2 Das Olivenöl in einem Topf erhitzen, die Zwiebelwürfel und den ungeschälten Knoblauch darin bei milder Hitze glasig anschwitzen. Zucchiniwürfel hinzufügen und kurz mitbraten. Das Tomatenmark unterrühren, die passierten Tomaten und die Geflügelbrühe dazugeben und das Tomatenragout bei milder Hitze 5 Minuten köcheln lassen. Die Tomatenwürfel und 1 Prise Oregano hinzufügen und den Knoblauch entfernen. Mit Salz, Cayennepfeffer und nach Belieben mit etwas mildem Olivenöl abschmecken.

3 Für die Cannelloni den Backofen auf 200 °C vorheizen. Das Toastbrot entrinden, in Würfel schneiden und in der Milch einweichen. Die Zwiebel schälen und in kleine Würfel schneiden. Die Butter in einer Pfanne zerlassen und die Zwiebelwürfel darin bei milder Hitze glasig anschwitzen. Die Zwiebel und das eingeweichte Brot mit Hackfleisch, Eiern, Senf, Zitronen- und Orangenschale, Salz, Pfeffer, 1 Prise Cayennepfeffer, Nudelgewürz, Knoblauch und Petersilie mischen.

4 Die Füllmasse in einen Spritzbeutel ohne Tülle geben und die Cannelloni damit füllen. Eine Auflaufform mit Öl einfetten, die Cannelloni hineinsetzen und das Tomatenragout darüber verteilen. Die Form mit Alufolie verschließen und die Lammcannelloni im vorgeheizten Ofen auf der mittleren Schiene zugedeckt etwa 45 Minuten garen.

5 Zum Fertigstellen den Käse reiben, mit dem Parmesan und der Sahne mischen. Die Käse-Sahne-Mischung über die Cannelloni träufeln. Den Backofengrill einschalten und die Cannelloni 3 bis 4 Minuten goldbraun überbacken.

Pappardelle
mit Kaninchenragout

Zutaten für 4 Personen:

Für die Pasta:

350 g Pappardelle
Salz · 1–2 EL Olivenöl

Für das Ragout:

4 Kaninchenkeulen
1 kleine Zwiebel · 1/2 Karotte
100 g Knollensellerie
1 Splitter Zimtrinde
1–2 TL Pimentkörner
1 EL schwarze Pfefferkörner
1–2 TL Wacholderbeeren
1/2 TL Kardamomkapseln
50 g getrocknete Aprikosen
1 EL Olivenöl · 2 cl Weinbrand
100 ml Weißwein
1 TL Wermut (z. B. Noilly Prat)
400 ml Geflügelbrühe
80 g Sahne
1 Scheibe Knoblauch
1 kleines Lorbeerblatt
1 Streifen unbehandelte
Zitronenschale · Cayennepfeffer
einige Spritzer Zitronensaft
1 EL Petersilie (gehackt)

Zubereitung:

1 Für die Pasta die Pappardelle in reichlich Salzwasser bissfest kochen, in ein Sieb abgießen und abtropfen lassen. Die Nudeln auf einem Tablett ausbreiten, kurz ausdampfen lassen und mit dem Olivenöl vermischen. Bis zur Weiterverwendung zugedeckt aufbewahren.

2 Für das Ragout das Kaninchenfleisch von den Knochen lösen und in die einzelnen Muskelpartien teilen. Die Fleischstücke je nach Größe ein- bis zweimal quer durchschneiden.

3 Die Zwiebel, die Karotte und den Knollensellerie schälen und in sehr kleine Würfel schneiden. Zimt, Piment- und Pfefferkörner, Wacholderbeeren und Kardamomkapseln in eine Gewürzmühle füllen. Die Aprikosen je nach Größe halbieren oder vierteln.

4 Das Olivenöl in einem Topf erhitzen und das Kaninchenfleisch darin bei mittlerer Hitze von allen Seiten hell anbraten. Das Gemüse hinzufügen und mitbraten. Mit Weinbrand, Weißwein und Wermut ablöschen und die Flüssigkeit fast vollständig einkochen lassen. Die Geflügelbrühe angießen und das Ragout zugedeckt bei milder Hitze 1 bis 1 1/2 Stunden mehr ziehen als köcheln lassen.

5 Das Kaninchenragout durch ein Sieb gießen und die Sahne unter den Sud rühren. Aprikosen, Knoblauch, Lorbeerblatt und Zitronenschale hinzufügen. Die Sauce mit der Mischung aus der Gewürzmühle, 1 Prise Cayennepfeffer und Zitronensaft würzen und knapp unter dem Siedepunkt 5 Minuten ziehen lassen. Die ganzen Gewürze entfernen und das Fleisch und das Gemüse wieder in die Sauce geben. Das Kaninchenragout mit den Pappardelle erhitzen und zum Anrichten mit Petersilie bestreuen.

Der **Meister**-Tipp

Dieses Rezept kann man auch mit Hähnchenkeulen zubereiten. Die Garzeit verringert sich dann auf etwa 45 Minuten.

Risotto mit Feldsalatpesto

Zutaten für 4 Personen:

Für das Pesto:

60 g Blattspinat
Salz · 100 g Feldsalat
1 TL geriebener Parmesan
1 TL geröstete Mandeln
1/2 kleine Knoblauchzehe
(in Scheiben) · 60 ml Olivenöl
60 g braune Butter
(siehe Tipp Seite 45)
Pfeffer aus der Mühle
einige Spritzer Zitronensaft

Für den Risotto:

1 Zwiebel · 1 EL Olivenöl
300 g Risottoreis (z. B. Arborio,
Vialone nano oder Carnaroli)
1 kleines Lorbeerblatt
80 ml Weißwein
3/4 l heiße Geflügelbrühe
1/2 Knoblauchzehe (geschält)
1 kleine Scheibe Ingwer
1 Streifen unbehandelte
Zitronenschale
Salz · Cayennepfeffer
2 EL geriebener Parmesan

Zubereitung:

1 Für das Pesto die Spinatblätter verlesen, waschen und abtropfen lassen, grobe Stiele entfernen. Den Spinat in kochendem Salzwasser blanchieren. In ein Sieb abgießen, kalt abschrecken und abtropfen lassen. Die Blätter mit den Händen gut ausdrücken und grob hacken. Den Feldsalat verlesen, waschen und trockenschleudern. Mit dem Spinat, dem Parmesan, den Mandeln, dem Knoblauch, dem Olivenöl und der braunen Butter im Blitzhacker oder mit dem Stabmixer pürieren. Das Pesto mit Salz, Pfeffer und Zitronensaft würzen.

2 Für den Risotto die Zwiebel schälen und in kleine Würfel schneiden. Das Olivenöl in einem breiten Topf erhitzen und die Zwiebelwürfel darin bei mittlerer Hitze glasig anschwitzen. Den Reis dazugeben und so lange mitschwitzen, bis die Reiskörner glasig sind. Das Lorbeerblatt hinzufügen, den Weißwein dazugeben und einkochen lassen. Unter häufigem Rühren immer wieder etwas Geflügelbrühe angießen und bei milder Hitze einkochen lassen, bis die Reiskörner nach 15 bis 20 Minuten weich sind, aber noch Biss haben.

3 Nach gut 15 Minuten Knoblauch, Ingwer und Zitronenschale in den Risotto geben. Sobald der Reis fertig ist, die Gewürze wieder entfernen. Den Risotto mit Salz und Cayennepfeffer würzen, 3 EL Feldsalatpesto und den Parmesan unterrühren.

Der Meister-Tipp

Der vegetarische Risotto schmeckt als Hauptgericht hervorragend. Wer dennoch nicht auf Fleisch verzichten möchte, kann als Beilage gebratene Hähnchen- oder Putenbrust servieren.

Safranrisotto
mit Knoblauch und Vanille

Zutaten für 4 Personen:

½ Zwiebel
2 EL Olivenöl
300 g Risottoreis (z. B. Arborio, Vialone nano oder Carnaroli)
60 ml Weißwein
¾–1 l heiße Geflügelbrühe
1 Döschen Safranfäden
1 Scheibe Knoblauch
1 Scheibe Ingwer
½ Vanilleschote
1 Streifen unbehandelte Zitronenschale
Salz · Cayennepfeffer
1 EL Butter
40 g geriebener Parmesan

Zubereitung:

1 Die Zwiebel schälen und in kleine Würfel schneiden. Das Olivenöl in einem breiten Topf erhitzen und die Zwiebelwürfel darin bei milder Hitze glasig anschwitzen. Den Reis dazugeben und so lange mitschwitzen, bis die Reiskörner glasig sind.

2 Den Weißwein hinzufügen und einkochen lassen. Unter häufigem Rühren immer wieder etwas Geflügelbrühe angießen und bei milder Hitze einkochen lassen, bis die Reiskörner nach 15 bis 20 Minuten weich sind, aber noch Biss haben.

3 Nach gut 15 Minuten Safran, Knoblauch, Ingwer, Vanilleschote und Zitronenschale in den Risotto geben. Sobald der Reis fertig ist, alle ganzen Gewürze wieder entfernen.

4 Den Safranrisotto mit Salz und Cayennepfeffer würzen. Die Butter und den Parmesan unterrühren und den Risotto sofort servieren.

Der **Meister**-Tipp

Das ständige Rühren beim Risottokochen kann man sich sparen, wenn man den Reis bei milder Hitze gart.

Ricotta-Spinat-Gnocchi
mit Salbeibutter

Zutaten für 4 Personen:

Für die Gnocchi:

250 g Blattspinat
Salz · 800 g Ricotta
140 g geriebener Parmesan
3 Eier
270 g doppelgriffiges Mehl
2 EL warme braune Butter
(siehe Tipp Seite 45)
frisch geriebene Muskatnuss
doppelgriffiges Mehl
zum Bestäuben

Für die Salbeibutter:

100 g Butter
5 Salbeiblätter
1 Knoblauchzehe

Zubereitung:

1 Für die Gnocchi die Spinatblätter verlesen, waschen und abtropfen lassen, grobe Stiele entfernen. Den Spinat in kochendem Salzwasser blanchieren. In ein Sieb abgießen, kalt abschrecken und abtropfen lassen. Die Blätter mit den Händen gut ausdrücken und klein hacken.

2 Den Spinat mit dem Ricotta, dem Parmesan, den Eiern, dem Mehl, der braunen Butter sowie je 1 Prise Salz und Muskatnuss zu einem glatten Teig verkneten. Den Teig zu mehreren 2 cm dicken Teigrollen formen, dabei mit ausreichend Mehl bestäuben. Die Teigrollen in 1 bis 2 cm lange Stücke schneiden.

3 In einem großen Topf reichlich Salzwasser zum Kochen bringen. Die Gnocchi darin portionsweise garen, bis sie nach oben steigen, und weitere 2 Minuten ziehen lassen.

4 Für die Salbeibutter die Butter in einer großen Pfanne bei mittlerer Hitze mit den Salbeiblättern und dem ungeschälten Knoblauch bräunen lassen, den Knoblauch anschließend entfernen.

5 Die Ricotta-Spinat-Gnocchi mit einer Schaumkelle aus dem Wasser heben, kurz abtropfen lassen und in der Salbeibutter erhitzen. Nach Belieben mit Salz und Pfeffer würzen.

Der **Meister**-Tipp

Damit die Gnocchimasse eine feste Konsistenz hat, ist es wichtig, dass die gekochten Spinatblätter gut ausgedrückt werden.

FC-Bayern-Pizza
mit Rucola und Tomaten

Zutaten für 4 Personen:

Für die Tomatensauce:

1/2 Zwiebel
1 Knoblauchzehe
1 EL Olivenöl
300 g geschälte Tomaten (aus der Dose)
2 Lorbeerblätter
getrockneter Oregano
Salz · Cayennepfeffer

Für den Pizzateig:

10 g Hefe (1/4 Würfel)
250 g Mehl · 1 gestr. TL Salz
2 EL Olivenöl

Zum Fertigstellen:

1 Bund Rucola
Öl und Mehl für das Backblech
Mehl zum Ausrollen
2 Tomaten
Salz · Pfeffer aus der Mühle
3 Kugeln Mozzarella (à 125 g)
einige Basilikumblätter
3 EL Olivenöl

Zubereitung:

1 Für die Tomatensauce die Zwiebel schälen und in kleine Würfel schneiden. Den Knoblauch schälen und hacken. Das Olivenöl in einem Topf erhitzen und Zwiebelwürfel und Knoblauch darin bei milder Hitze glasig anschwitzen. Die Dosentomaten samt Saft hinzufügen, die Lorbeerblätter dazugeben und die Sauce 15 bis 20 Minuten köcheln lassen. Die Tomatensauce mit Oregano, Salz und Cayennepfeffer würzen.

2 Für den Pizzateig die Hefe in 1/8 l lauwarmem Wasser auflösen, mit dem Mehl, dem Salz und dem Olivenöl zu einem glatten Teig verkneten. Den Teig in einer Schüssel mit Frischhaltefolie bedeckt an einem warmen Ort 30 Minuten gehen lassen. Den Backofen auf 250 °C vorheizen.

3 Zum Fertigstellen den Rucola verlesen, waschen und trockenschleudern, grobe Stiele entfernen. Ein tiefes Backblech oder 2 kleine Pizzaformen mit Öl einfetten und mit Mehl bestäuben.

4 Den Teig auf der bemehlten Arbeitsfläche zu einer Platte bzw. zu zwei Platten ausrollen und das Backblech oder die Pizzaformen damit auslegen. Die Tomatensauce darauf verteilen. Die Tomaten waschen und in Scheiben schneiden, dabei die Stielansätze entfernen. Die Tomatenscheiben auf die Pizza legen und mit Salz und Pfeffer leicht würzen. Den Mozzarella abtropfen lassen, in Scheiben schneiden, zerpflücken und über die Tomatensauce streuen.

5 Die FC-Bayern-Pizza im vorgeheizten Ofen auf der unteren Schiene 15 bis 20 Minuten backen, bis der Teig gebräunt ist. Mit gemahlenem Pfeffer bestreuen, die Basilikumblätter und den Rucola darauf verteilen und das Olivenöl darüber träufeln.

Der Meister-Tipp

Das A und O beim Pizzabacken ist, dass der Teig von unten starke Hitze bekommt und schön knusprig wird, während der Belag saftig bleibt. Deshalb schiebt man die Pizza auf die untere Schiene.

FC BAYERN MÜNCHEN

5 Fisch & Meeresfrüchte

Wolfsbarsch
auf Fenchel-Safran-Gemüse

Zutaten für 4 Personen:

Für das Gemüse:

2 Fenchelknollen
200 g kleine Schalotten
1–2 EL Olivenöl
¼ l Gemüsebrühe
1 Döschen Safranfäden
4 Stiele Mangold · Salz
100 g Cocktailtomaten
je 1 EL Fenchel-, Koriander- und schwarze Pfefferkörner
1 Knoblauchzehe (geschält und halbiert)
1–2 EL kalte Butter
Cayennepfeffer

Für den Fisch:

2 Wolfsbarschfilets (à ca. 250 g; küchenfertig, mit Haut)
1–2 EL Olivenöl
Salz · Pfeffer aus der Mühle

Zubereitung:

1 Für das Gemüse den Fenchel putzen, waschen, in knapp ½ cm dicke Scheiben schneiden und nochmals halbieren. Die Schalotten schälen und halbieren. Das Olivenöl in einem Topf erhitzen, die Fenchelscheiben und die Schalottenhälften darin bei milder Hitze glasig anschwitzen. Die Gemüsebrühe und die Safranfäden hinzufügen. Das Gemüse zugedeckt bei milder Hitze 20 bis 30 Minuten weich garen, dabei immer wieder umrühren.

2 Den Mangold waschen, die grünen Blätter zuerst von den Stielen und dann in 1 cm breite Streifen schneiden. In kochendem Salzwasser blanchieren. In ein Sieb abgießen, kalt abschrecken und abtropfen lassen. Die Cocktailtomaten waschen und halbieren.

3 Die Fenchel-, Koriander- und Pfefferkörner in eine Gewürzmühle füllen. Den Mangold, die Cocktailtomaten und den Knoblauch zu dem Fenchel-Safran-Gemüse geben und die Butter hinzufügen. Mit Salz, 1 Prise Cayennepfeffer und der Mischung aus der Gewürzmühle würzen. Den Knoblauch wieder entfernen.

4 Für den Fisch die Wolfsbarschfilets waschen, trockentupfen und schräg halbieren, dabei die Haut leicht einritzen. Das Olivenöl in einer Pfanne erhitzen und die Filets darin auf der Hautseite bei mittlerer Hitze etwa 3 Minuten kross anbraten. Die Pfanne vom Herd nehmen, die Filets wenden und in der Resthitze glasig durchziehen lassen. Herausnehmen und auf Küchenpapier abtropfen lassen, mit Salz und Pfeffer würzen.

5 Die gebratenen Wolfsbarschfilets mit dem Fenchel-Safran-Gemüse auf vorgewärmten Tellern anrichten.

Der **Meister**-Tipp

Sie können auch die Mangoldstiele verarbeiten: Einfach die feine Außenhaut abziehen, die Stiele in Stücke schneiden und bissfest blanchieren. Die Mangoldstiele passen zu Fisch oder Fleisch oder man streut sie über Aufläufe und Salate.

Gebackener Kabeljau
mit Schnittlauchsauce

Zutaten für 4 Personen:

Für die Sauce:

100 g Crème fraîche
4–5 EL Sahne
1 TL scharfer Senf
1 EL Zitronensaft
Salz · Cayennepfeffer
Zucker
2 EL Schnittlauchröllchen

Für den Fisch:

2 Eier
Salz · Pfeffer aus der Mühle
1 TL abgeriebene unbehandelte Zitronenschale
600 g Kabeljaufilet (küchenfertig)
100 g doppelgriffiges Mehl
100 g Semmelbrösel
100 ml Öl
einige Spritzer Zitronensaft

Zubereitung:

1 Für die Sauce die Crème fraîche mit der Sahne und dem Senf verrühren. Mit Zitronensaft, Salz und je 1 Prise Cayennepfeffer und Zucker abschmecken. Zuletzt den Schnittlauch unterrühren.

2 Für den Fisch die Eier in einem tiefen Teller verquirlen und mit Salz, Pfeffer und Zitronenschale würzen. Das Kabeljaufilet waschen, trockentupfen und schräg in 1 bis $1\frac{1}{2}$ cm dicke Scheiben schneiden. Mit Salz und Pfeffer würzen. Das Mehl und die Semmelbrösel jeweils in einen tiefen Teller geben. Die Fischscheiben zuerst im Mehl wenden, dann vorsichtig durch die Eier ziehen und zuletzt mit den Semmelbröseln panieren.

3 Das Öl in einer Pfanne erhitzen und die Filets darin bei mittlerer Hitze auf beiden Seiten goldbraun braten. Auf Küchenpapier abtropfen lassen und mit Zitronensaft beträufeln.

4 Den gebackenen Kabeljau auf vorgewärmten Tellern anrichten und die Schnittlauchsauce separat dazu servieren.

Der **Meister**-Tipp

Panierte Fischfilets brauchen beim Braten reichlich Öl, um gleichmäßig zu bräunen. Wenn man sie anschließend auf Küchenpapier abtropfen lässt, geben sie jedoch einen Großteil des Fetts wieder ab.

Waller aus dem Wurzelsud
mit Meerrettich-Senf-Sauce

Zutaten für 4 Personen:

Für den Wurzelsud:

je 1 kleine Zwiebel und Karotte
80 g Knollensellerie
40 g Lauch
(nur den weißen Teil)
1 EL Puderzucker
1 l Gemüsebrühe
1 kleines Lorbeerblatt
1/2 TL Senfkörner
3 Wacholderbeeren
5 Pimentkörner
1 TL schwarze Pfefferkörner
4 EL Rotweinessig
1 EL Zucker
Cayennepfeffer · Salz
1 Knoblauchzehe
(geschält und halbiert)
1 Streifen unbehandelte
Zitronenschale
1 Scheibe Ingwer

Für den Fisch:

4 Wallerfilets
(à ca. 120 g; küchenfertig)

Für die Sauce:

3 EL kalte Butter
1/2 TL scharfer Senf
1/2–1 TL frisch geriebener
Meerrettich

Zubereitung:

1 Für den Wurzelsud die Zwiebel, die Karotte und den Knollensellerie schälen. Den Lauch putzen und waschen und alles in feine Streifen schneiden. Den Puderzucker in einem Topf bei mittlerer Hitze hell karamellisieren, das Gemüse hinzufügen und glasig anschwitzen.

2 Die Gemüsebrühe angießen, das Lorbeerblatt und die Senfkörner dazugeben. Die Wacholderbeeren, die Piment- und die Pfefferkörner in ein Gewürzsäckchen füllen (siehe Tipp Seite 78) und in den Sud geben. Das Gemüse bei milder Hitze gut 10 Minuten garen, bis es noch leicht bissfest ist. Mit dem Essig, dem Zucker, 1 Prise Cayennepfeffer und Salz abschmecken. Vom Herd nehmen, den Knoblauch, die Zitronenschale und den Ingwer hinzufügen.

3 Für den Fisch die Wallerfilets waschen und trockentupfen. In den Wurzelsud geben und 8 bis 10 Minuten glasig ziehen lassen. Alle ganzen Gewürze und das Gewürzsäckchen wieder entfernen. Die Wallerfilets aus dem Sud heben und warm halten. Den Sud durch ein Sieb gießen, die Gemüsestreifen beiseite stellen und warm halten.

4 Für die Sauce die Butter mit dem Senf und dem Meerrettich mit dem Stabmixer unter den Sud rühren und nach Belieben mit Zucker, Salz und Essig nachwürzen.

5 Die Wallerfilets auf vorgewärmten tiefen Tellern mit den die Gemüsestreifen anrichten und die Meerrettich-Senf-Sauce darüber geben. Mit Schnittlauch bestreut servieren. Dazu passen kleine Salzkartoffeln. Nach Belieben mit Schnittlauchröllchen bestreut servieren.

Saibling in der Folie

Zutaten für 4 Personen:

4 Saiblinge (küchenfertig)
Salz · Pfeffer aus der Mühle
je 4 EL Olivenöl und Butter
je 4 Scheiben Ingwer und Knoblauch
4 unbehandelte Zitronenscheiben
4 kleine getrocknete Chilischoten
4 Lorbeerblätter
einige Petersilienblätter
4 Fenchelkrautzweige (ersatzweise Dillzweige)
80 ml Weißwein

Zubereitung:

1 Den Backofen auf 180 °C vorheizen. Die Saiblinge innen und außen gründlich waschen, trockentupfen und mit Salz und Pfeffer würzen.

2 Vier Blätter Alufolie auf ein Backblech legen, jeweils mit Olivenöl bestreichen und mit Butterflöckchen belegen. Die Fische darauf setzen. In die Bauchhöhlen jeweils 1 Scheibe Ingwer, Knoblauch und Zitrone, 1 Chilischote, 1 Lorbeerblatt, einige Petersilienblätter und 1 Zweig Fenchelkraut legen. Mit je 2 EL Weißwein beträufeln und die Folienblätter jeweils zu Päckchen verschließen.

3 Die Saiblinge im vorgeheizten Ofen auf der mittleren Schiene etwa 25 Minuten garen. Herausnehmen, aus der Folie lösen und auf vorgewärmten Tellern anrichten. Dazu passen Petersilienkartoffeln oder ein gemischter Salat mit frischem Baguette.

Der Meister-Tipp

Die Fische sind gar, wenn man die Rückenflosse herausziehen kann und sich das Fischfleisch in der Mitte mit einem Messerrücken leicht von den Gräten lösen lässt.

Forelle aus dem Ofen
mit Kardamombutter

Zutaten für 4 Personen:

4 Forellen
(à ca. 350 g; küchenfertig)
2–3 EL Öl · 100 g Butter
6 Kardamomkapseln
1 Splitter Zimtrinde
1/4 Vanilleschote
1 kleine getrocknete Chilischote
1/2 Knoblauchzehe (in Scheiben)
1 Scheibe Ingwer
Salz · Pfeffer aus der Mühle

Zubereitung:

1 Den Backofen auf 100 °C vorheizen. Die Forellen innen und außen gründlich waschen und trockentupfen.

2 Das Öl in einer Pfanne erhitzen und die Fische darin nacheinander bei milder Hitze auf beiden Seiten jeweils 2 bis 3 Minuten anbraten. Anschließend auf ein mit Backpapier ausgelegtes Backblech legen und im vorgeheizten Ofen auf der mittleren Schiene 15 bis 20 Minuten garen.

3 Die Butter in einer Pfanne zerlassen. Kardamomkapseln, Zimt, Vanille- und Chilischote hinzufügen und die Butter hell bräunen. Vom Herd nehmen, den Knoblauch und den Ingwer dazugeben, einige Minuten in der Kardamombutter ziehen lassen und mit den restlichen ganzen Gewürzen wieder entfernen.

4 Die Forellen aus dem Ofen nehmen und mit Salz und Pfeffer würzen. Die Fische auf vorgewärmten Tellern anrichten und mit der Kardamombutter beträufeln. Dazu passen kleine Petersilienkartoffeln.

Der Meister-Tipp

Sie können die Butter auch durch mildes Olivenöl ersetzen. Das Öl sollte dann aber nur leicht erwärmt werden, damit sich das Aroma der Gewürze gut entfalten kann.

Gebratener Seeteufel
mit Tomaten-Zucchini-Gemüse

Zutaten für 4 Personen:

Für den Fisch:

1 kg Seeteufel
(am Stück; mit Knorpel)
1–2 EL Öl
flüssige Butter zum Bestreichen

Für das Gemüse:

1 kleiner Zucchino
200 g Cocktailtomaten
1–2 EL Olivenöl
2 Knoblauchzehen
1 Thymianzweig
Salz · Pfeffer aus der Mühle

Zubereitung:

1 Für den Fisch den Backofen auf 180 °C vorheizen. Den Seeteufel waschen, trockentupfen und mit einem scharfen Messer alle Häute entfernen. Das Öl in einem ofenfesten Bräter erhitzen und den Fisch darin rundum anbraten. Dann im vorgeheizten Ofen auf der mittleren Schiene 25 bis 30 Minuten glasig durchziehen lassen, dabei mehrmals mit Butter bestreichen.

2 Für das Gemüse den Zucchino putzen, waschen, längs halbieren und in Scheiben schneiden. Die Cocktailtomaten waschen und halbieren. Wenn der Fisch 20 Minuten im Backofen ist, das Olivenöl in einer Pfanne erhitzen, die Zucchinischeiben, den ungeschälten Knoblauch und den Thymian darin anbraten. Die Cocktailtomaten hinzufügen und mit Salz und Pfeffer würzen. Das Gemüse im Bräter um den Fisch herum verteilen und 5 bis 10 Minuten mitgaren.

3 Zum Anrichten den Seeteufel vom Knorpel lösen und in Scheiben schneiden. Die Fischscheiben mit dem Gemüse auf vorgewärmten Tellern anrichten.

Der Meister-Tipp

Seeteufel ist ein grätenloser Meeresfisch mit festem, feinem Fleisch. Achten Sie beim Zubereiten darauf, dass alle dunklen, tranigen Stellen entfernt werden und nur das weiße Muskelfleisch verarbeitet wird.

Karpfen in Bierteig

Zutaten für 4 Personen:

Für den Fisch:

je 1 EL ganzer Kümmel, Zimtrinde, Wacholderbeeren und Piment- und Pfefferkörner
50 g Speisestärke
100 g doppelgriffiges Mehl
1/8 l Bier
400 g Karpfenfilet (küchenfertig) · Salz
70 g Butterschmalz · 70 ml Öl
einige Spritzer Zitronensaft

Für den Salat:

350 g Feldsalat
70 ml Gemüsebrühe
1/2–1 TL scharfer Senf
1–2 EL Rotweinessig
4 EL mildes Olivenöl
Salz · Cayennepfeffer
Zucker

Zubereitung:

1 Für den Fisch Kümmel, Zimt, Wacholderbeeren, Piment- und Pfefferkörner in eine Gewürzmühle füllen. Die Speisestärke und das Mehl in einem tiefen Teller mischen und mit der Mischung aus der Gewürzmühle würzen. Das Bier in einen tiefen Teller geben.

2 Das Karpfenfilet waschen und trockentupfen, in 4 bis 5 cm große Stücke schneiden und mit Salz würzen. Die Fischstücke zuerst in der Mehl-Stärke-Mischung wenden, dann vorsichtig durch das Bier ziehen und zuletzt erneut mit der Mehlmischung panieren. Den Vorgang nochmals wiederholen.

3 Das Butterschmalz und das Öl in einer Pfanne erhitzen und die Karpfenstücke darin bei milder Hitze rundum hell bräunen. Auf Küchenpapier abtropfen lassen und mit Zitronensaft beträufeln.

4 Für den Salat den Feldsalat verlesen, waschen und trockenschleudern. Die Gemüsebrühe, den Senf und den Essig mit dem Stabmixer verrühren, nach und nach das Olivenöl dazugeben und untermixen. Das Dressing mit Salz, Cayennepfeffer und Zucker abschmecken.

5 Den Salat mit dem Dressing mischen und auf Teller verteilen, die in Bierteig gebackenen Karpfenstücke daneben anrichten.

Der **Meister**-Tipp

Das Wichtigste beim Zubereiten von Salat ist, die Salatblätter gut trockenzuschleudern. Wenn sie zu nass sind, kommt der Geschmack des Dressings nicht richtig zur Geltung.

Zander auf Limettenspinat

Zutaten für 4 Personen:

Für den Limettenspinat:

500 g Wurzelspinat · Salz
50 ml Gemüsebrühe
1 Scheibe Knoblauch
1 EL Butter
Cayennepfeffer
frisch geriebene Muskatnuss
abgeriebene Schale von
1 unbehandelten Limette

Für den Fisch:

4 Zanderfilets (à 120 g;
küchenfertig, mit Haut)
1 EL Öl
Salz · Pfeffer aus der Mühle

Zubereitung:

1 Für den Limettenspinat die Spinatblätter verlesen, waschen und abtropfen lassen, grobe Stiele entfernen. Den Spinat etwa 15 Sekunden in kochendem Salzwasser blanchieren. Mit der Schaumkelle herausheben und kurz abtropfen lassen. Den Spinat mit der Gemüsebrühe in einer Pfanne bei mittlerer Temperatur erhitzen. Den Knoblauch und die Butter hinzufügen und den Spinat mit Salz, 1 Prise Cayennepfeffer, Muskatnuss und Limettenschale würzen. Den Knoblauch einige Minuten im Spinat ziehen lassen und wieder entfernen.

2 Für den Fisch die Zanderfilets waschen und trockentupfen. Das Öl in einer Pfanne erhitzen und die Filets darin auf der Hautseite bei milder Hitze 3 bis 4 Minuten kross anbraten. Die Pfanne vom Herd nehmen, die Filets wenden und in der Resthitze glasig durchziehen lassen. Auf Küchenpapier abtropfen lassen und mit Salz und Pfeffer würzen.

3 Den Limettenspinat auf vorgewärmte Teller verteilen und die Zanderfilets darauf anrichten.

Der **Meister**-Tipp

Der Zander gart vorwiegend bei milder Hitze auf der Hautseite. Die Haut wird dadurch schön kross und das zarte Fischfilet bleibt saftig.

Gebratene Rotbarbe
auf Peperonigemüse

Zutaten für 4 Personen:

Für das Gemüse:

70 g große, getrocknete weiße Bohnen
(ersatzweise 140 g weiße Bohnen aus der Dose)
Salz · 1 große weiße Zwiebel
500 g verschiedenfarbige türkische Peperoni
1–2 EL Olivenöl
$\frac{1}{8}$ l Gemüsebrühe
2 Knoblauchzehen (in Scheiben)
1 Scheibe Ingwer
1 EL Butter · Cayennepfeffer
getrocknetes Bohnenkraut

Für den Fisch:

4 Rotbarbenfilets (küchenfertig, mit Haut)
1 EL Öl
Salz · Pfeffer aus der Mühle

Zubereitung:

1 Für das Gemüse die Bohnen über Nacht in kaltem Wasser einweichen. Am nächsten Tag abgießen und in leicht gesalzenem Wasser etwa 2 Stunden weich kochen. Die Bohnen in ein Sieb abgießen und abtropfen lassen.

2 Die Zwiebel schälen und in 1 bis $1\frac{1}{2}$ cm große Rauten schneiden. Die Peperoni halbieren, entkernen, waschen und schräg in 1 bis $1\frac{1}{2}$ cm breite Stücke schneiden. Das Olivenöl in einer Pfanne erhitzen und beide Gemüsesorten darin anschwitzen. Die Gemüsebrühe dazugießen, den Knoblauch und den Ingwer hinzufügen. Das Gemüse bei milder Hitze etwa 10 Minuten garen. Die Bohnen und die Butter dazugeben und das Gemüse mit Salz und je 1 Prise Cayennepfeffer und Bohnenkraut würzen.

3 Für den Fisch die Rotbarbenfilets waschen und trockentupfen. Das Öl in einer Pfanne erhitzen und die Filets darin auf der Hautseite bei mittlerer Hitze 2 bis 3 Minuten anbraten. Die Pfanne vom Herd nehmen, die Filets wenden und in der Resthitze glasig durchziehen lassen. Auf Küchenpapier abtropfen lassen, mit Salz und Pfeffer würzen.

4 Das Peperonigemüse auf vorgewärmte Teller verteilen und die Rotbarbenfilets darauf anrichten.

Der **Meister**-Tipp

Achten Sie beim Putzen der Peperoni darauf, dass alle Samen und weißen Häute entfernt werden, da diese häufig sehr scharf sind.

Dorade in Kartoffelkruste
mit Kohlrabi-Spinat-Gemüse

Zutaten für 4 Personen:

Für den Fisch:

4 Doradenfilets (à ca. 100 g; küchenfertig, ohne Haut)
4 längliche, kleine fest kochende Kartoffeln (à ca. 70 g)
Salz · 2 EL Öl
Pfeffer aus der Mühle

Für das Gemüse:

150 g Blattspinat
2 kleine Kohlrabi
2 EL Butter
1/8 l Gemüsebrühe
1 EL braune Butter (siehe Tipp Seite 45)
Salz · Cayennepfeffer
frisch geriebene Muskatnuss

Zubereitung:

1 Für den Fisch die Doradenfilets waschen und trockentupfen. Die Kartoffeln schälen und auf der Gemüsereibe in möglichst dünne Scheiben hobeln. Die Filets auf der Hautseite leicht mit Salz würzen und mit den Kartoffelscheiben schuppenartig belegen.

2 Das Öl in einer beschichteten Pfanne erhitzen und die Doradenfilets darin auf der Kartoffelseite bei mittlerer Hitze goldbraun anbraten. Die Pfanne vom Herd nehmen, die Filets vorsichtig wenden und in der Resthitze glasig durchziehen lassen. Auf Küchenpapier abtropfen lassen und mit Salz und Pfeffer würzen.

3 Für das Gemüse die Spinatblätter verlesen, waschen und abtropfen lassen, grobe Stiele entfernen. Die Kohlrabi schälen, holzige Teile entfernen und das Gemüse in schmale Spalten schneiden. In einem Topf 1 EL Butter zerlassen und die Kohlrabischeiben darin anschwitzen. Die Gemüsebrühe angießen, die Kohlrabi zugedeckt bei milder Hitze 15 Minuten weich garen.

4 Die Spinatblätter zum Kohlrabi geben und 1 bis 2 Minuten mitgaren. Die restliche Butter und die braune Butter hinzufügen und das Gemüse mit Salz und je 1 Prise Cayennepfeffer und Muskatnuss abschmecken.

5 Das Kohlrabi-Spinat-Gemüse auf vorgewärmte Teller verteilen und die Doradenfilets in der Kartoffelkruste daneben anrichten.

Der **Meister**-Tipp

Damit die Kartoffelkruste gut haftet, sollten die Kartoffeln möglichst dünn gehobelt und nicht gewaschen werden. Nur so bleibt die Kartoffelstärke erhalten, die beim Braten wie »Klebstoff« wirkt.

Rotbarsch in Brotkruste mit Mangoldgemüse

Zutaten für 4 Personen:

Für das Gemüse:

100 g kleine, getrocknete weiße Bohnen · Salz
1 Knoblauchzehe
1 Lorbeerblatt
1 Bohnenkrautzweig
500 g Mangold
4 reife Tomaten
1 kleine Zwiebel
4 EL Butter
2 Scheiben Knoblauch
1/8 l Gemüsebrühe
Pfeffer aus der Mühle
gemahlener Koriander

Für den Fisch:

4 Rotbarschfilets (à 150 g; küchenfertig, ohne Haut)
Salz · Pfeffer aus der Mühle
1 TL Thymianblättchen
8 große Scheiben Ciabattabrot (vom Vortag; dünn geschnitten)
4 EL Olivenöl

Zubereitung:

1 Für das Gemüse die Bohnen über Nacht in kaltem Wasser einweichen. Am nächsten Tag abgießen und in leicht gesalzenem Wasser etwa 1 3/4 Stunden weich kochen. Nach 25 Minuten den ungeschälten Knoblauch, das Lorbeerblatt und das Bohnenkraut dazugeben. In ein Sieb abgießen, die ganzen Gewürze entfernen und die Bohnen abtropfen lassen.

2 Den Mangold waschen und die grünen Blätter von den Stielen schneiden. In kochendem Salzwasser blanchieren, in ein Sieb abgießen, kalt abschrecken und abtropfen lassen. Die Mangoldblätter mit den Händen gut ausdrücken und grob hacken. Von den Mangoldstielen die feine Haut abziehen und die Stiele schräg in 2 cm breite Streifen schneiden. Die Stiele ebenfalls in kochendem Salzwasser bissfest blanchieren, in ein Sieb abgießen, kalt abschrecken und abtropfen lassen.

3 Den Stielansatz der Tomaten entfernen, die Tomaten kreuzweise einritzen und 20 Sekunden in kochendes Wasser tauchen. Kalt abschrecken, häuten, vierteln und entkernen. Die Tomatenviertel quer halbieren.

4 Die Zwiebel schälen und in kleine Würfel schneiden. In einem breiten Topf oder einer Pfanne die Hälfte der Butter zerlassen und die Zwiebelwürfel darin glasig anschwitzen. Die Mangoldblätter und -stiele mit dem Knoblauch dazugeben und kurz mitschwitzen. Die Gemüsebrühe dazugießen. Die Bohnen und die Tomaten hinzufügen und im Sud erwärmen. Das Gemüse mit Salz, Pfeffer und 1 Prise Koriander abschmecken und die restliche Butter unterrühren.

5 Für den Fisch die Rotbarschfilets waschen und trockentupfen. Die Filets etwas kleiner als die Brotscheiben zuschneiden. Den Fisch auf beiden Seiten mit Salz und Pfeffer würzen und mit Thymianblättchen bestreuen. Die Filetscheiben jeweils zwischen zwei Ciabattascheiben legen und das Brot gut andrücken.

6 Das Olivenöl in einer großen Pfanne erhitzen und die Brotscheiben mit den Rotbarschfilets darin bei mittlerer Hitze auf beiden Seiten insgesamt 5 bis 6 Minuten kross braten. Auf Küchenpapier abtropfen lassen. Das Mangoldgemüse auf vorgewärmte Teller verteilen und die Rotbarschfilets in der Brotkruste daneben anrichten.

Gebratener Lachs-Zander-Strudel
auf Meerrettichwirsing

Zutaten für 4 Personen:

Für die Lachsfarce:
175 g Lachsfilet (küchenfertig)
Salz · Pfeffer aus der Mühle
175 g Sahne
1 TL scharfer Senf
1 Spritzer Zitronensaft
frisch geriebene Muskatnuss
1 TL Dill (gehackt)

Für den Strudel:
4 Strudelblätter
(à ca. 20 x 20 cm)
flüssige Butter zum Bestreichen
4 Zanderfilets
(à 100 g; küchenfertig)
Salz · Pfeffer aus der Mühle
Öl zum Braten

Für den Wirsing:
½ Kopf Wirsing · Salz
70 g Sahne
2 EL Sahnemeerrettich
(aus dem Glas)
2 EL kalte Butter
Cayennepfeffer
1 EL Petersilie
(grob gehackt)

Zubereitung:

1 Für die Lachsfarce das Lachsfilet waschen und trockentupfen, in kleine Stücke schneiden und mit Salz und Pfeffer würzen. Die Lachsstücke und die Sahne separat 15 bis 20 Minuten im Tiefkühlfach anfrieren lassen.

2 Den Fisch im Blitzhacker so lange pürieren, bis die Masse zu binden beginnt. Den Senf und ein Drittel der Sahne zum Fisch geben und gut unterrühren. Die restliche Sahne in zwei Portionen in die Farce rühren, die Farce sollte glatt und glänzend sein. Mit Zitronensaft und 1 Prise Muskatnuss abschmecken, gegebenenfalls etwas nachwürzen. Zum Schluss den Dill unterrühren.

3 Für den Strudel den Backofen auf 100 °C vorheizen. Die Strudelblätter mit Butter bestreichen. Knapp die Hälfte der Lachsfarce in der Größe der Zanderstücke auf die Strudelblätter streichen. Die Zanderfilets waschen, trockentupfen und mit Salz und Pfeffer würzen. Die Filets jeweils auf die Farce setzen und die Strudelblätter mit der restlichen Farce rundum bestreichen. Die Strudelblätter über den Filets zusammenklappen und die Ränder fest andrücken.

4 Das Öl in einer Pfanne erhitzen und die Strudelpäckchen darin bei milder Hitze zuerst auf der Nahtseite, dann auch auf der anderen Seite goldbraun anbraten. Auf Küchenpapier abtropfen lassen. Die Strudelpäckchen auf ein mit Backpapier ausgelegtes Backblech legen und im vorgeheizten Ofen auf der mittleren Schiene 5 bis 7 Minuten garen.

5 Für den Wirsing den Wirsing putzen, in einzelne Blätter teilen, die Blätter halbieren und die harten Rippen entfernen. Die Blätter waschen und 10 Minuten in kochendem Salzwasser blanchieren. In ein Sieb abgießen, kalt abschrecken und abtropfen lassen. Mit den Händen gut ausdrücken und klein schneiden. Den Wirsing mit etwas Sahne in einer Pfanne erhitzen. Die restliche Sahne mit dem Meerrettich gut verrühren und dazu geben. Die Butter unterrühren und den Wirsing mit Salz und 1 Prise Cayennepfeffer abschmecken. Zum Schluss mit Petersilie bestreuen.

6 Den Meerrettichwirsing auf vorgewärmte Teller verteilen und die Strudelpäckchen darauf anrichten.

Seezunge aus dem Ofen
mit Limettenöl

Zutaten für 4 Personen:

Für das Limettenöl:

8 EL mildes Olivenöl
abgeriebene Schale von
1 unbehandelten Limette
1 Knoblauchzehe
(geschält und halbiert)
1 kleine getrocknete Chilischote
1 Scheibe Ingwer

Für den Fisch:

4 Seezungen (à 350 g;
küchenfertig, mit Haut)
3–4 EL Öl
Salz · Pfeffer aus der Mühle

Zubereitung:

1 Für das Limettenöl das Olivenöl in einer Schüssel mit der Limettenschale verrühren. Den Knoblauch, die Chilischote und den Ingwer hinzufügen, 5 Minuten im Öl ziehen lassen und wieder entfernen.

2 Für den Fisch die Seezungen mit der Schwanzflosse 5 bis 10 Sekunden in kochendes Wasser tauchen, bis sich die Haut von der Gräte ablöst. Die Haut mit einem Küchentuch von der Schwanzflosse bis zum Kopf kräftig abziehen. Den Vorgang auf der anderen Seite wiederholen. Den äußeren Flossenkranz und den Kopf mit einer Küchenschere entlang der Filets abschneiden und entfernen. Die Seezungen unter fließendem kaltem Wasser innen und außen waschen und trockentupfen.

3 Den Backofen auf 100 °C vorheizen. Das Öl in einer Pfanne erhitzen und die Seezungen darin nacheinander bei mittlerer Hitze auf beiden Seiten jeweils 1 bis 2 Minuten anbraten. Die Fische auf ein Backblech legen und im vorgeheizten Ofen auf der mittleren Schiene 15 bis 20 Minuten garen. Herausnehmen und mit Salz und Pfeffer würzen.

4 Die Seezungen auf vorgewärmten Tellern anrichten und mit dem Limettenöl beträufeln.

Der **Meister**-Tipp

Wenn man die Fische in einer unbeschichteten Pfanne anbrät, sollte man sie zuvor in doppelgriffigem Mehl wenden, damit sie sich gut vom Pfannenboden lösen.

Jakobsmuscheln und Krebsfleisch
in Orangen-Zitronen-Vinaigrette

Zutaten für 4 Personen:

7 EL Olivenöl
1 TL Zitronensaft
abgeriebene Schale von
je ½ unbehandelten
Zitrone und Orange
Salz · Pfeffer aus der Mühle
½ rote Chilischote
200 g Krebsfleisch
(aus dem Glas)
150 g Baby-Zucchini
½ gelber Zucchino
60 g kleine weiße Champignons
50 g Rucola
1 EL Basilikum (gehackt)
20 frische Jakobsmuscheln
1 Knoblauchzehe
1 Rosmarinzweig

Zubereitung:

1 Für die Vinaigrette 5 EL Olivenöl in einer Schüssel mit dem Zitronensaft und der Zitronen- und Orangenschale verrühren, mit Salz und Pfeffer würzen. Die Chilischote entkernen, waschen und in sehr kleine Würfel schneiden. Die Chiliwürfel unter die Marinade rühren.

2 Das Krebsfleisch auf einem Sieb unter fließendem kaltem Wasser abbrausen und abtropfen lassen. Die Baby-Zucchini und den Zucchino putzen und waschen, beides längs vierteln und in sehr dünne Scheiben schneiden. Die Champignons putzen, trocken abreiben und in dünne Scheiben schneiden oder hobeln. Den Rucola verlesen, waschen und trockenschleudern, grobe Stiele entfernen. Rucola, Basilikum und die anderen vorbereiteten Zutaten mit der Marinade mischen.

3 Das Fleisch der Jakobsmuscheln aus den Schalen lösen. Das weiße Muschelfleisch vom orangeroten Corail befreien. Das Muschelfleisch waschen, trockentupfen und jeweils halbieren.

4 Das restliche Olivenöl in einer Pfanne erhitzen und mit Salz würzen. Den ungeschälten Knoblauch und den Rosmarin hinzufügen und die Jakobsmuscheln darin bei mittlerer Hitze auf beiden Seiten jeweils knapp ½ Minute braten. Auf Küchenpapier abtropfen lassen und unter den Salat mischen.

Der Meister-Tipp

Champignons lassen sich am besten mit einem weichen Pinsel oder einer speziellen Pilzbürste säubern. Man kann sie aber auch mit einem feinen Küchentuch trocken abreiben.

Miesmuscheln
im Anis-Gemüse-Sud

Zutaten für 4 Personen:

1/2 Zwiebel
1 Karotte
1 Stange Staudensellerie
1/2 kleine Fenchelknolle
1 TL Puderzucker
4 cl Anislikör (z.B. Picard)
80 ml Weißwein
1/4 l Gemüsebrühe
1 Lorbeerblatt
1 Knoblauchzehe (geschält)
5 schwarze Pfefferkörner
1 Döschen Safranfäden
1 Streifen unbehandelte Zitronenschale
3 EL kalte Butter (in Stücken)
Salz · Cayennepfeffer
2 kg Miesmuscheln
1 EL Petersilie (gehackt)

Zubereitung:

1 Die Zwiebel und die Karotte schälen. Die Zwiebelhälfte halbieren und quer in dünne Streifen schneiden, die Karotte längs halbieren und schräg in dünne Scheiben schneiden. Den Staudensellerie und den Fenchel putzen und waschen. Den Fenchel vierteln und quer in dünne Streifen schneiden, den Sellerie schräg in dünne Scheiben schneiden.

2 Den Puderzucker in einem Topf bei milder Hitze karamellisieren, das vorbereitete Gemüse darin anschwitzen. Den Anislikör und den Weißwein hinzufügen und auf die Hälfte einkochen lassen. Die Gemüsebrühe dazugießen, die Gewürze hinzufügen und den Sud bei milder Hitze etwa 15 Minuten mehr ziehen als köcheln lassen.

3 Den Sud durch ein Sieb gießen und die Gewürze entfernen. Die Butter nach und nach mit dem Stabmixer unter den Sud rühren, mit Salz und 1 Prise Cayennepfeffer würzen und nach Belieben mit etwas Anislikör abschmecken. Das Gemüse wieder in den Sud geben.

4 Die Muscheln unter fließendem kaltem Wasser gründlich säubern, geöffnete Exemplare aussortieren. In einem Topf 200 ml Salzwasser erhitzen, die Muscheln darin zugedeckt so lange garen, bis sie sich öffnen. Mit einer Schaumkelle herausheben und Muscheln, die sich nicht geöffnet haben, aussortieren.

5 Die Muscheln mit dem Anis-Gemüse-Sud auf vorgewärmte Suppenteller verteilen und mit Petersilie bestreut servieren.

Der **Meister**-Tipp

Man kann die Miesmuscheln auch durch Herz- oder Venusmuscheln ersetzen. Muschelsaison ist in jenen kälteren Monaten des Jahres, die ein »r« im Monatsnamen haben.

FC BAYERN MÜNCHEN

6
Fleisch & Geflügel

Krustenbraten mit Schmorgemüse

Zutaten für 4 Personen:

500 g Fleischknochen vom Kalb
1,2 l Geflügelbrühe
1 1/2 kg Schweinebauch (mit Schwarte; küchenfertig)
1/2 TL Puderzucker
150 ml dunkles Bier oder Rotwein
1 EL Tomatenmark
3 Zwiebeln · 1 Karotte
150 g Knollensellerie
300 g kleine Kartoffeln · Salz
ganzer Kümmel
2 Knoblauchzehen (geschält und halbiert)
1 Scheibe Ingwer
1/2–1 TL getrockneter Majoran
1 Streifen unbehandelte Zitronenschale
1 kleines Lorbeerblatt
Pfeffer aus der Mühle

Zubereitung:

1 Den Backofen auf 220 °C vorheizen. Die Knochen auf einem Backblech verteilen und im vorgeheizten Ofen auf der mittleren Schiene 30 bis 40 Minuten rundum goldbraun garen. Aus dem Ofen nehmen und abtropfen lassen.

2 Die Backofentemperatur auf 130 °C herunterschalten. In einen ofenfesten Bräter 300 ml Geflügelbrühe gießen, das Fleisch mit der Schwarte nach unten hineinlegen und im vorgeheizten Ofen auf der mittleren Schiene 30 Minuten garen. Das Fleisch aus dem Bräter nehmen und die Schwarte mit einem scharfen Messer zentimeterweise einschneiden. Die Backofentemperatur auf 160 °C erhöhen.

3 Die Brühe abgießen und beiseite stellen. Den Bräter mit Küchenpapier trockentupfen und bei mittlerer Temperatur auf dem Herd erhitzen. Den Puderzucker darin hell karamellisieren. Mit Bier oder Rotwein ablöschen, das Tomatenmark unterrühren und die Sauce sämig einköcheln lassen. Die Fleischknochen hinzufügen, die abgegossene Brühe und die restliche Geflügelbrühe angießen. Den Schweinebraten mit der Schwarte nach oben hineingeben und im vorgeheizten Ofen auf der mittleren Schiene weitere 1 1/4 Stunden garen.

4 Das Gemüse schälen, die Zwiebeln in Spalten, die Karotte schräg in 1/2 cm dicke Scheiben und den Knollensellerie in 1 cm große Würfel schneiden. Die Kartoffeln halbieren oder vierteln. Den Braten herausnehmen, die Sauce durch ein Sieb gießen und mit dem Gemüse wieder in den Bräter geben. Den Braten darauf setzen und im Backofen weitere 1 1/2 Stunden garen.

5 Den Backofen auf 220 bis 240 °C Oberhitze einstellen. Den Braten aus der Sauce nehmen und die Schwarte mit Salz und Kümmel würzen. Den Braten mit der Schwarte nach oben auf ein Backblech setzen und im vorgeheizten Ofen auf der unteren Schiene kross braten. Die Sauce durch ein Sieb in einen Topf gießen, das Gemüse beiseite stellen. Die Sauce gegebenenfalls entfetten (das oben schwimmende Fett abschöpfen) und etwas einköcheln lassen.

6 Knoblauch, Ingwer, Majoran, Zitronenschale, 1 TL Kümmel und das Lorbeerblatt in die Sauce geben und 10 Minuten ziehen lassen. Die Sauce durch ein Sieb zum Gemüse gießen, erhitzen und mit Salz und Pfeffer abschmecken. Den Krustenbraten in Scheiben schneiden und mit dem Schmorgemüse und der Bratensauce anrichten.

Böfflamott
à la Franz Beckenbauer

Zutaten für 4 Personen:

Für die Beize:

1 EL Puderzucker
750 ml kräftiger Rotwein
1 1/2 kg flache Rinderschulter

Für den Schmorbraten:

100 g Knollensellerie
150 g Zwiebel · 1 Karotte
2 EL Öl · 4 cl Weinbrand
1 EL Tomatenmark
1 l Geflügelbrühe
je 1/2 TL Piment- und schwarze Pfefferkörner
2 Zacken Sternanis
1 cm Zimtrinde
5 Wacholderbeeren
1 Lorbeerblatt
1 Knoblauchzehe (geschält und halbiert)
2 Scheiben Ingwer
je 1 Streifen unbehandelte Zitronen- und Orangenschale
2 TL Puderzucker
50 ml Rotweinessig
4 EL kalte Butter (in kleinen Stücken)
Salz · Zucker
Cayennepfeffer

Zubereitung:

1 Für die Beize den Puderzucker in einem Topf bei milder Hitze hell karamellisieren. Mit dem Rotwein ablöschen, einmal aufkochen und abkühlen lassen. Die Rinderschulter von Fett und groben Sehnen befreien. Das Fleisch in einer entsprechend großen Form in der Beize einlegen und 3 Tage an einem kühlen Ort marinieren.

2 Für den Schmorbraten den Knollensellerie, die Zwiebeln und die Karotte schälen und alles in 1 cm große Würfel schneiden. Das Fleisch aus der Marinade nehmen und trockentupfen. Die Marinade in einem breiten Topf auf die Hälfte bis auf ein Drittel einköcheln lassen, dabei den aufsteigenden Schaum abschöpfen.

3 Den Backofen auf 160°C vorheizen. Das Öl in einem ofenfesten Bräter erhitzen und die Rinderschulter darin bei mittlerer Hitze rundum kurz anbraten und wieder herausnehmen. Den Weinbrand und ein Drittel der Beize in den Bräter geben, das Tomatenmark unterrühren und die Sauce sämig einköcheln lassen. Die restliche Beize und die Geflügelbrühe hinzufügen. Das Fleisch wieder in den Bräter legen und die Gemüsewürfel dazugeben. Das Fleisch im vorgeheizten Ofen auf der mittleren Schiene zugedeckt 3 bis 4 Stunden weich schmoren, dabei gelegentlich wenden. 20 Minuten vor Ende der Garzeit die Piment- und Pfefferkörner, den Sternanis, den Zimt, die angedrückten Wacholderbeeren und das Lorbeerblatt dazugeben.

4 Das Fleisch aus dem Bräter nehmen und die Schmorsauce durch ein Sieb gießen, dabei das Gemüse leicht durch das Sieb drücken. Die Sauce in einem Topf auf etwa die Hälfte einköcheln lassen. Den Knoblauch, den Ingwer und die Zitronen- und Orangenschale hinzufügen, einige Minuten in der Sauce ziehen lassen und wieder entfernen.

5 Den Puderzucker in einer Pfanne bei milder Hitze hell karamellisieren, mit dem Essig ablöschen und sirupartig einköcheln lassen. Die Butterstücke unter die Schmorsauce rühren und die Sauce mit der Essigreduktion, Salz und je 1 Prise Zucker und Cayennepfeffer abschmecken. Zum Anrichten das Böfflamott in Scheiben schneiden, auf vorgewärmte Teller verteilen und die Sauce darüber geben.

Gefüllte Rinderrouladen
mit Kartoffel-Endivien-Püree

Zutaten für 4 Personen:

Für die Rouladen:

1 Zwiebel · 1 EL Butter
1 kleine Karotte
100 g Knollensellerie
2 kleine Gewürzgurken
8 durchwachsene Speckscheiben
4 dünne Scheiben Rindfleisch
(à ca. 160 g; aus der Keule)
Öl für die Folie
1–2 EL scharfer Senf

Für die Sauce:

1 Zwiebel · 1 Karotte
120 g Knollensellerie · 1–2 EL Öl
1 TL Puderzucker · 1 EL Tomatenmark · 150 ml Rotwein
350 ml Geflügelbrühe
1 kleines Lorbeerblatt
1–2 TL Speisestärke
1/2 Knoblauchzehe
1 Scheibe Ingwer
1 Streifen unbehandelte Zitronenschale · 1 kleiner Thymianzweig · 3 EL kalte Butter

Für das Püree:

1 kg Kartoffeln · Salz
1 TL ganzer Kümmel
1/4 l Milch · 3 EL kalte Butter
60 g durchwachsener Speck
1 EL Öl · 1/2 Kopf Endiviensalat
3 EL braune Butter (s. Seite 45)
frisch geriebene Muskatnuss

Zubereitung:

1 Für die Rouladen die Zwiebel schälen und in Streifen schneiden. Die Butter in einer Pfanne zerlassen und die Zwiebelstreifen darin bei milder Hitze hell anschwitzen und abkühlen lassen. Karotte und Knollensellerie schälen und mit den Gewürzgurken in feine Streifen schneiden. Jeweils 2 Speckscheiben leicht überlappend nebeneinander legen. Je ein Viertel der Karotten-, Sellerie- und Gurkenstreifen darauf legen und mit dem Speck aufrollen.

2 Das Rindfleisch zwischen zwei Lagen geölter Frischhaltefolie flach klopfen und mit dem Senf bestreichen. Jeweils ein Viertel der Zwiebeln auf den Scheiben verteilen und je 1 Speck-Gemüse-Päckchen auf das untere Drittel legen. Die Fleischscheiben an den Längsseiten ein wenig nach innen einschlagen, von den schmalen Enden her fest einrollen und mit Rouladennadeln fixieren.

3 Für die Sauce das Gemüse schälen und in 1/2 cm große Würfel schneiden. Das Öl in einer Pfanne erhitzen, die Rouladen darin bei milder Hitze zuerst auf der Nahtseite, dann rundum anbraten und herausnehmen. Das Gemüse und den Puderzucker hineingeben und glasig anschwitzen. Das Tomatenmark unterrühren und etwas mitschwitzen. Mit dem Rotwein ablöschen und sämig einköcheln lassen. Die Geflügelbrühe hinzufügen. Die Rouladen hineingeben und zugedeckt etwa 1 Stunde weich schmoren. Nach 45 Minuten das Lorbeerblatt dazugeben.

4 Die Rouladen herausnehmen, die Nadeln entfernen und die Sauce etwas einköcheln lassen. Die Speisestärke mit wenig kaltem Wasser glatt rühren, nach und nach unter die Sauce rühren und weitere 2 Minuten köcheln lassen. Knoblauch, Ingwer, Zitronenschale und Thymian in die Sauce geben, einige Minuten ziehen lassen und wieder entfernen. Die Butter unterrühren und die Rouladen in der Sauce erhitzen.

5 Für das Püree die Kartoffeln in reichlich Salzwasser mit dem Kümmel weich kochen, abgießen, heiß schälen und durch die Kartoffelpresse drücken. Die Milch zum Kochen bringen. Mit einem Kochlöffel so viel heiße Milch unter die Kartoffeln rühren, bis das Püree sämig und locker ist. Die Butter unterrühren. Den Speck in kleine Würfel schneiden. Das Öl in einer Pfanne erhitzen und die Speckwürfel darin bei mittlerer Hitze kross braten, auf Küchenpapier abtropfen lassen. Den Salat verlesen, waschen, trockenschleudern und in etwa 1/2 cm breite und 3 cm lange Streifen schneiden. Speck und Salat unter das warme Kartoffelpüree heben und mit brauner Butter, Salz und Muskatnuss abschmecken.

Sellerierostbraten
auf Dillbohnen

Zutaten für 4 Personen:

Für den Rostbraten:

1 EL Öl
4 Rinderfiletscheiben
(à 100 g; ersatzweise
Rinderlendenscheiben)
Salz · Pfeffer aus der Mühle

Für das Selleriepüree:

350 g Knollensellerie
100 g Sahne
50 g braune Butter
(siehe Tipp Seite 45)
Salz · Pfeffer aus der Mühle
frisch geriebene Muskatnuss

Für die Kräuterbutter:

125 g weiche Butter
1 EL »Schuhbecks
Café-de-Paris-Gewürz«
(ersatzweise Currypulver)
50 g Semmelbrösel
Salz · Pfeffer aus der Mühle

Für die Dillbohnen:

400 g breite grüne Bohnen
Salz · 80 ml Gemüsebrühe
2 EL Butter
Pfeffer aus der Mühle
1 EL Dill (gehackt)
1 EL Öl
50 g Speckwürfel

Zubereitung:

1 Für den Rostbraten den Backofen auf 100 °C vorheizen. Auf die mittlere Schiene das Ofengitter und darunter ein Abtropfblech schieben. Das Öl in einer Pfanne erhitzen und die Rinderfiletscheiben darin bei mittlerer Hitze von allen Seiten anbraten. Das Fleisch auf das Ofengitter legen und im vorgeheizten Ofen 20 Minuten rosa durchziehen lassen. Die Fleischscheiben mit Salz und Pfeffer würzen und in eine Auflaufform oder auf ein Backblech legen.

2 Für das Selleriepüree den Knollensellerie schälen und in kleine Würfel schneiden. Die Sahne in einem Topf erhitzen, die Selleriewürfel hinzufügen und zugedeckt etwa 20 Minuten weich dünsten. Durch ein Sieb gießen, dabei den Sud auffangen. Den Sellerie im Blitzhacker pürieren, dabei etwas Kochsud hinzufügen. Die braune Butter unterrühren und das Püree mit Salz, Pfeffer und Muskatnuss abschmecken.

3 Für die Kräuterbutter die Butter schaumig rühren, das Café-de-Paris-Gewürz und die Semmelbrösel untermischen, mit Salz und Pfeffer würzen. Die Masse in Pergamentpapier zu einer 3 cm dicken Rolle formen und kühl stellen.

4 Für die Dillbohnen die Bohnen putzen, waschen, schräg in 1 bis 2 cm breite Stücke schneiden und in kochendem Salzwasser bissfest blanchieren. In ein Sieb abgießen, kalt abschrecken und abtropfen lassen. Die Gemüsebrühe in einem Topf erhitzen und die Bohnen darin kurz dünsten. Die Butter unterrühren und mit Salz, Pfeffer und Dill würzen. Das Öl in einer Pfanne erhitzen, die Speckwürfel darin kross braten und zu den Bohnen geben.

5 Den Backofengrill einschalten. Das Selleriepüree jeweils 1 cm dick auf die Rindfleischscheiben streichen. Die Kräuterbutter in dünne Scheiben schneiden und das Selleriepüree damit belegen. Den Sellerierostbraten unter dem Grill auf der mittleren Schiene goldbraun überbacken. Die Dillbohnen auf vorgewärmte Teller verteilen und den Sellerierostbraten darauf anrichten.

Gefüllte Milchkalbsbrust
mit Schmorgemüse

Zutaten für 4 Personen:

Für die Füllung:

50 g sehr kleine Karottenwürfel
50 g Lauch (am besten vom Grün; fein gehackt) · Salz
150 g Kalbsbrät (vom Metzger)
2 EL Sahne
je ½ TL Knoblauch und Ingwer (gehackt)
1 Msp. abgeriebene unbehandelte Zitronenschale
1 EL Petersilie (gehackt)
100 g Weißbrot (vom Vortag)
100 ml Milch · 1 Ei
Pfeffer aus der Mühle
frisch geriebene Muskatnuss
½ Zwiebel · 3 EL Butter
1 EL Petersilie (gehackt)

Für die Milchkalbsbrust:

1 ½ kg Milchkalbsbrust (küchenfertig)
Salz · Pfeffer aus der Mühle
1 TL Puderzucker
¼ l Rotwein · 1 TL Tomatenmark
½ l Geflügelbrühe
3 Zwiebeln · 2 Karotten
200 g Knollensellerie
1 Lorbeerblatt
1 Knoblauchzehe (geschält und halbiert)
1 Scheibe Ingwer · 2 EL Butter

Zubereitung:

1 Für die Füllung die Karottenwürfel und den Lauch in kochendem Salzwasser bissfest blanchieren. In ein Sieb abgießen, kalt abschrecken und abtropfen lassen. Das Kalbsbrät mit der Sahne glatt rühren. Mit Knoblauch, Ingwer, Zitronenschale und Petersilie würzen. Das Gemüse mit den Händen etwas ausdrücken und unter das Kalbsbrät rühren.

2 Das Weißbrot in ½ bis 1 cm große Würfel schneiden und in eine Schüssel geben. Die Milch in einem Topf zum Kochen bringen und vom Herd nehmen. Das Ei verquirlen, unter die Milch rühren und mit Salz, Pfeffer und Muskatnuss würzen. Die Eiermilch über die Brotwürfel gießen und die Masse zugedeckt 5 bis 10 Minuten ziehen lassen.

3 Die Zwiebel schälen und in sehr kleine Würfel schneiden. Die Butter in einer Pfanne zerlassen und die Zwiebelwürfel darin bei milder Hitze glasig anschwitzen. Die Zwiebel mit der Petersilie unter die Brotmasse mischen und abkühlen lassen. Die Masse unter das Brät mischen.

4 Für die Milchkalbsbrust in die Kalbsbrust mit einem scharfen Messer vorsichtig eine Tasche einschneiden und innen und außen mit Salz und Pfeffer würzen. Die Brusttasche nicht ganz mit der Brätmasse füllen und die offene Seite mit einem Schaschlikspieß verschließen oder zunähen. Den Backofen auf 150 °C vorheizen.

5 Den Puderzucker in einem großen, ofenfesten Bräter karamellisieren. Mit etwas Rotwein ablöschen, das Tomatenmark unterrühren und die Sauce sirupartig einköcheln lassen. Nach und nach den restlichen Rotwein hinzufügen und ebenfalls einköcheln lassen. Die Geflügelbrühe angießen, die gefüllte Milchkalbsbrust hineingeben und im vorgeheizten Ofen auf der mittleren Schiene 3 bis 3 ½ Stunden schmoren lassen. Dabei mehrmals mit dem Schmorsud begießen.

6 Die Gemüsesorten schälen, in 1 bis 2 cm große Stücke oder Scheiben schneiden und nach 2 Stunden Garzeit um das Fleisch verteilen. 15 Minuten vor Ende der Garzeit das Lorbeerblatt, den Knoblauch und den Ingwer dazugeben.

7 Die Milchkalbsbrust aus dem Bräter nehmen und die Sauce durch ein Sieb gießen. Die Sauce mit Salz und Pfeffer abschmecken und die Butter unterrühren. Die ganzen Gewürze aus dem Gemüse entfernen. Die Milchkalbsbrust in Scheiben schneiden und mit dem Schmorgemüse und der Sauce auf vorgewärmte Teller verteilen.

Wiener Schnitzel
mit Bratkartoffeln

Zutaten für 4 Personen:

Für die Schnitzel:

2 Eier
1 EL halbsteif geschlagene Sahne
8 kleine Kalbschnitzel (à 60 g; aus der Oberschale)
Öl für die Folie
Salz · Pfeffer aus der Mühle
80 g doppelgriffiges Mehl
200 g Semmelbrösel
200 g Butterschmalz oder Öl zum Ausbacken

Für die Bratkartoffeln:

700 g Kartoffeln · Salz
1 TL ganzer Kümmel
1 Zwiebel
2–3 EL Öl
Pfeffer aus der Mühle
getrockneter Majoran
gemahlener Kümmel
1 EL Petersilie (gehackt)

Zubereitung:

1 Für die Schnitzel die Eier in einem tiefen Teller verquirlen und die Sahne unterheben. Die Kalbschnitzel zwischen zwei Lagen geölter Frischhaltefolie flach klopfen, mit Salz und Pfeffer würzen. Nacheinander zuerst im Mehl wenden (überschüssiges Mehl abklopfen), dann vorsichtig durch die Eier-Sahne-Mischung ziehen und zuletzt mit den Semmelbröseln panieren, die Panade dabei nicht zu fest andrücken.

2 Das Butterschmalz oder Öl in einer Pfanne erhitzen und die panierten Schnitzel darin bei mittlerer Hitze auf einer Seite goldgelb backen und dann wenden. Falls nötig, noch etwas Butterschmalz oder Öl dazugeben. Die Pfanne leicht hin und her schwenken, sodass das Fett über die Schnitzel »schwappt« und sich die Panade wellenartig wölbt. Zusätzlich kann man auf die Schnitzel etwas heißes Fett löffeln, bis sie auf beiden Seiten goldbraun gebacken sind.

3 Die Schnitzel aus der Pfanne nehmen und auf Küchenpapier abtropfen lassen. Leicht mit Salz nachwürzen und nach Belieben mit einigen Spritzern Zitronensaft beträufeln.

4 Für die Bratkartoffeln die Kartoffeln in reichlich Salzwasser mit dem Kümmel garen, abgießen und schälen. Zugedeckt abkühlen lassen und in Scheiben schneiden. Die Zwiebel schälen und in Streifen schneiden. Das Öl in einer großen Pfanne erhitzen und die Kartoffelscheiben darin bei mittlerer Hitze anbraten. Die Zwiebelstreifen hinzufügen und einige Minuten mitbraten. Mit Salz, Pfeffer und je 1 Prise Majoran und Kümmel würzen. Zuletzt die Petersilie darüber streuen. Die Schnitzel mit den Bratkartoffeln auf vorgewärmten Tellern anrichten.

Der **Meister**-Tipp

Die halbsteif geschlagene Sahne macht die Panade luftig, sodass sie sich während des Bratens beim Hin- und Herbewegen der Pfanne in die typischen Wellen legt.

Gefülltes Münchner Schnitzel
mit Champignons

Zutaten für 4 Personen:

Für die Füllung:

180 g Champignons
80 g gekochter Schinken
2 Schalotten
1 EL Butter
Salz · Pfeffer aus der Mühle
1 EL Petersilie (gehackt)

Für die Schnitzel:

4 Schweinerückenscheiben (à ca. 140 g; küchenfertig)
Öl für die Folie
Salz · Pfeffer aus der Mühle
2 Eier
100 g doppelgriffiges Mehl
100 g Semmelbrösel
100 ml Öl

Zubereitung:

1 Für die Füllung die Champignons putzen, trocken abreiben und klein schneiden. Den Schinken in sehr kleine Würfel schneiden. Die Schalotten schälen und in kleine Würfel schneiden.

2 Die Butter in einer Pfanne zerlassen und die Champignons mit den Schinken- und Schalottenwürfeln darin bei milder Hitze 1 bis 2 Minuten anbraten. Mit Salz, Pfeffer und Petersilie würzen und aus der Pfanne nehmen.

3 Für die Schnitzel die Schweinerückenscheiben mit einem scharfen Messer der Länge nach waagerecht nicht ganz durchschneiden, sodass die einzelnen Scheiben an den Enden noch zusammenhalten.

4 Die Fleischscheiben aufklappen, zwischen zwei Lagen geölter Frischhaltefolie flach klopfen und mit Salz und Pfeffer würzen. Jeweils etwas Schinken-Pilz-Mischung in die Mitte der unteren Schnitzelhälfte verteilen (sodass der Rand ein wenig frei bleibt) und die zweite Hälfte darüber klappen. Die Enden fest zusammendrücken.

5 Die Eier in einem tiefen Teller verquirlen und mit Salz und Pfeffer würzen. Die Schnitzel zuerst im Mehl wenden, dann vorsichtig durch die verquirlten Eier ziehen und zuletzt mit den Semmelbröseln panieren. Das Öl in einer Pfanne erhitzen und die Schnitzel darin bei milder Hitze auf beiden Seiten langsam hell braten. Auf Küchenpapier abtropfen lassen und auf vorgewärmten Tellern anrichten.

Der **Meister**-Tipp

Zum gefüllten Münchner Schnitzel passen knusprig geröstete Bratkartoffeln und ein gemischter Salat.

Kalbsgeschnetzeltes
à la Uli Hoeneß

Zutaten für 4 Personen:

600 g dünne Scheiben Kalbsfilet oder -schnitzel (aus der Keule)
1 Zwiebel
300 g Champignons
1 gestr. TL Speisestärke
4 EL Öl
100 ml Weißwein
200 ml Geflügelbrühe
200 g Sahne
1–2 TL scharfer Senf
1 Streifen unbehandelte Zitronenschale
3 Scheiben Knoblauch
1 Scheibe Ingwer
Salz · Pfeffer aus der Mühle
1 EL Petersilie (gehackt)

Zubereitung:

1 Die Kalbsfiletscheiben in Streifen schneiden. Die Zwiebel schälen und in kleine Würfel schneiden. Die Champignons putzen, trocken abreiben und in Scheiben schneiden. Die Speisestärke mit wenig kaltem Wasser glatt rühren.

2 In einer Pfanne 2 EL Öl erhitzen und die Fleischstreifen darin portionsweise bei mittlerer Hitze kurz anbräunen. Das Fleisch aus der Pfanne nehmen und beiseite stellen.

3 In der Pfanne 1 EL Öl erhitzen und die Zwiebelwürfel darin bei milder Hitze glasig anschwitzen. Mit dem Weißwein ablöschen und einköcheln lassen. Die Geflügelbrühe und die Sahne hinzufügen, die Stärke unterrühren. Die Sauce 1 bis 2 Minuten sanft köcheln lassen. Den Senf dazugeben und die Zitronenschale, den Knoblauch und den Ingwer einlegen. Die ganzen Gewürze einige Minuten in der Sauce ziehen lassen und wieder entfernen.

4 In einer weiteren Pfanne das restliche Öl erhitzen, die Champignons darin 1 bis 2 Minuten anbraten und mit Salz und Pfeffer würzen. Die Kalbsfiletstreifen und die Pilze in der Sahnesauce erhitzen. Das Kalbsgeschnetzelte mit Salz und Pfeffer abschmecken und mit der Petersilie bestreuen.

Der **Meister**-Tipp

Man brät das Fleisch bei mittlerer Hitze portionsweise an, damit es schön bräunt und kein Wasser zieht. Wenn man die Pfanne zwischendurch nicht reinigt und die Zwiebel im Bratsatz anbrät, gibt das auch der Sauce noch einen guten Geschmack.

Kalbshaxe
im Ganzen geschmort

Zutaten für 4 Personen:

1 Petersilienwurzel
2 Zwiebeln · 1 Karotte
120 g Knollensellerie
2 EL Öl
1 Kalbshaxe
(3 kg; küchenfertig)
2 TL Puderzucker
180 ml Rotwein
1 EL Tomatenmark
400 ml Geflügelbrühe
1 Lorbeerblatt
$\frac{1}{2}$ TL schwarze Pfefferkörner
1 Streifen unbehandelte
Zitronenschale
1 Knoblauchzehe (geschält)
1 Scheibe Ingwer
1 Thymianzweig
Salz

Zubereitung:

1 Die Petersilienwurzel putzen und schälen. Die Zwiebeln, die Karotte und den Knollensellerie schälen. Alles in 1 bis 1 $\frac{1}{2}$ cm große Würfel schneiden. Den Backofen auf 160 °C vorheizen.

2 Das Öl in einem ofenfesten Bräter erhitzen, die Kalbshaxe darin bei mittlerer Hitze von allen Seiten anbraten und herausnehmen. Das restliche Fett mit Küchenpapier aus dem Bräter tupfen. Den Puderzucker in dem Bräter bei mittlerer Hitze hell karamellisieren. Mit Rotwein ablöschen, das Tomatenmark unterrühren und sirupartig einköcheln lassen.

3 Die Gemüsewürfel in den Bräter geben, die Geflügelbrühe angießen und die Kalbshaxe hineingeben. Das Fleisch im vorgeheizten Ofen zugedeckt etwa 4 Stunden weich garen, dabei mehrmals wenden. Nach 2 $\frac{1}{2}$ Stunden den Deckel abnehmen und die Kalbshaxe gelegentlich mit der Brühe übergießen.

4 Die Kalbshaxe aus dem Bräter nehmen. Das Lorbeerblatt und die Pfefferkörner in den Bräter geben und die Sauce auf dem Herd bei mittlerer Hitze etwas einköcheln lassen. Zitronenschale, Knoblauch, Ingwer und Thymian hinzufügen, 5 Minuten ziehen lassen und wieder entfernen. Die Sauce durch ein Sieb gießen, das Gemüse dabei leicht durch das Sieb drücken. Die Gemüsesauce mit Salz abschmecken. Das Fleisch der Kalbshaxe vom Knochen lösen und in Scheiben schneiden. Mit der Sauce auf vorgewärmten Tellern anrichten.

Der **Meister**-Tipp

Wird das Gemüse mit durch das Sieb gedrückt, erhält die Sauce eine leichte, natürliche Bindung. Wer das Gemüse als Beilage servieren möchte, bindet die Sauce mit in wenig kaltem Wasser angerührter Speisestärke.

Spanferkelschulter
mit Kruste und Sauce

Zutaten für 4 Personen:

Salz
1 1/2 kg Spanferkelschulter
(mit Schwarte; küchenfertig)
1 große Zwiebel
1 kleine Karotte
80 g Knollensellerie
1–2 TL Puderzucker
150 ml kräftiger Rotwein
300 ml Geflügelbrühe
gemahlener Kümmel
getrockneter Majoran
1/2 Knoblauchzehe (in Scheiben)
1 Streifen unbehandelte
Zitronenschale

Zubereitung:

1 In einem großen Topf Salzwasser zum Kochen bringen und die Spanferkelschulter darin 10 bis 15 Minuten sanft sieden lassen. Das Fleisch herausnehmen und die Schwarte mit einem scharfen Messer leicht einschneiden.

2 Die Zwiebel schälen und in Ringe schneiden. Die Karotte schälen und in Scheiben schneiden. Den Knollensellerie schälen und in 1 bis 1 1/2 cm große Stücke schneiden.

3 Den Backofen auf 160 °C vorheizen. Den Puderzucker in einem ofenfesten Bräter bei milder Hitze hell karamellisieren. Die Zwiebelringe, die Karottenscheiben und die Selleriestücke dazugeben und glasig anschwitzen. Mit dem Rotwein ablöschen und auf ein Drittel einköcheln lassen. Die Geflügelbrühe angießen, die Spanferkelschulter in den Bräter geben und im vorgeheizten Ofen auf der mittleren Schiene etwa 1 1/2 Stunden garen.

4 Am Ende der Garzeit die Backofentemperatur auf 220 °C Oberhitze erhöhen. Die Schwarte mit Salz würzen und das Fleisch weitere 30 Minuten kross braten. Den Bratensaft mit Salz und je 1 Prise Kümmel und Majoran würzen. Den Knoblauch und die Zitronenschale hinzufügen, einige Minuten ziehen lassen und wieder entfernen. Die Sauce durch ein Sieb passieren und separat zur Spanferkelschulter servieren.

Der **Meister**-Tipp

Damit das Spanferkel beim Braten eine schöne Kruste bekommen, darf man es nicht mit dem Fond übergießen. Durch den darin enthaltenen Zucker würde die Schwarte rasch dunkel werden.

Rosa gebratene Lammkoteletts

Zutaten für 4 Personen:

2 Lammkarrees
(ca. 600 g; ohne Fett)
2 EL Öl
Salz
Pfeffer aus der Mühle

Zubereitung:

1 Den Backofen auf 100 °C vorheizen. Auf die mittlere Schiene das Ofengitter und darunter ein Abtropfblech schieben.

2 Die Rippenknochen der Lammkarrees mit einem kleinen Messer sorgfältig vom Fleisch befreien. Das Öl in einer Pfanne erhitzen und das Karree darin mit der gewölbten Seite (Außenseite) bei mittlerer Hitze hell anbraten. Das Fleisch wenden und auf den übrigen Seiten anbraten. Das Lammkarree aus der Pfanne nehmen, auf das Ofengitter legen und im vorgeheizten Ofen etwa 40 Minuten rosa garen.

3 Das Lammkarree mit Salz und Pfeffer würzen und in die einzelnen Koteletts schneiden. Die gegarten Lammkarrees nach Belieben in Kräuterbutter wenden (siehe Tipp).

Der Meister-Tipp

Für die Kräuterbutter in einer Pfanne 4 EL Butter zerlassen. 1/2 Knoblauchzehe, 1 Scheibe Ingwer, 1 Streifen unbehandelte Zitronenschale und Thymian dazugeben und 2 bis 3 Minuten aromatisieren. Die Butter mit Salz und Pfeffer würzen.

Gratinierter Lammrücken
mit Tomaten-Peperoni-Gemüse

Zutaten für 4 Personen:

4 Tomaten · 1 Zwiebel
2 gelbe oder rote türkische Peperoni
120 g weiche Butter
$^1/_2$ Knoblauchzehe (gehackt)
1–2 EL Petersilie (gehackt)
1 TL Thymian (fein gehackt)
1 TL scharfer Senf
Salz · Pfeffer aus der Mühle
3 EL Semmelbrösel
1 EL Öl
500 g Lammrückenfilet (küchenfertig)
1 EL Olivenöl
1 Knoblauchzehe
50 ml Geflügelbrühe
1 TL Estragon (gehackt)

Zubereitung:

1 Den Stielansatz der Tomaten entfernen, die Tomaten kreuzweise einritzen und 20 Sekunden in kochendes Wasser tauchen. Kalt abschrecken, häuten, vierteln, entkernen und nochmals vierteln. Die Zwiebel schälen und in kleine Würfel schneiden. Die Peperoni halbieren, entkernen, waschen und in 1 cm breite Streifen schneiden.

2 Die Butter in einer Schüssel schaumig rühren. Den Knoblauch, die Kräuter und den Senf unterrühren und mit Salz und Pfeffer würzen. Zuletzt die Semmelbrösel unter die Gratiniermasse rühren.

3 Den Backofengrill einschalten. Das Öl in einer Pfanne erhitzen und das Lammrückenfilet darin bei milder Hitze rundum etwa 5 Minuten braten. Mit Salz und Pfeffer würzen und auf ein Backblech legen. Die Gratiniermasse auf dem Filet verteilen und unter dem Grill auf der unteren Schiene 4 bis 5 Minuten goldbraun überbacken.

4 Das restliche Fett mit Küchenpapier aus der Pfanne tupfen. Das Olivenöl in der Pfanne erhitzen und die Zwiebelwürfel, die Peperonistreifen und den ungeschälten Knoblauch darin bei milder Hitze glasig anschwitzen. Den Knoblauch entfernen, die Geflügelbrühe angießen und 2 Minuten köcheln lassen. Die Tomatenspalten hinzufügen, das Gemüse mit Salz und Pfeffer würzen und den Estragon dazugeben.

5 Das Gemüse auf vorgewärmte Teller verteilen, das gratinierte Lammrückenfilet in dicke Scheiben schneiden und daneben anrichten.

Der **Meister**-Tipp

Die Gratiniermasse lässt sich gut auf Vorrat zubereiten. Abgedeckt hält sie sich im Kühlschrank bis zu 1 Woche, im Tiefkühlfach sogar etwa 2 Monate. Sie eignet sich auch hervorragend zum Überbacken von Gemüse.

Geschmorte Lammhaxerl
mit Lauch und Fenchel

Zutaten für 4 Personen:

1 große Zwiebel
1 Karotte
120 g Knollensellerie
1/2 Fenchelknolle
1/2 dünne Stange Lauch
2 EL Öl
4 Lammhinterhaxen
(à 300–350 g; küchenfertig)
1 EL Puderzucker
100 ml roter Portwein
1/4 l kräftiger Rotwein
1 EL Tomatenmark
400 ml Geflügelbrühe
1 Lorbeerblatt
2 TL Speisestärke
1 Knoblauchzehe
(geschält und halbiert)
2 Scheiben Ingwer
1 Streifen unbehandelte
Zitronenschale
1 Thymianzweig
Salz · Pfeffer aus der Mühle

Zubereitung:

1 Die Zwiebel, die Karotte und den Knollensellerie schälen, die Fenchelknolle und den Lauch putzen und waschen. Alle Gemüsesorten in 1/2 bis 1 cm große Würfel schneiden. Den Backofen auf 140 °C vorheizen.

2 Das Öl in einem ofenfesten Schmortopf erhitzen und die Lammhaxen darin bei mittlerer Hitze rundum anbraten. Die Haxen herausnehmen und das Bratfett abgießen. Den Puderzucker in dem Topf hell karamellisieren, mit dem Portwein und einem Drittel des Rotweins ablöschen. Das Tomatenmark unterrühren und die Sauce sirupartig einköcheln lassen. Den restlichen Rotwein in 2 Portionen hinzufügen und jeweils einköcheln lassen.

3 Die Zwiebel-, Karotten-, Sellerie- und Fenchelwürfel in die Sauce geben und die Geflügelbrühe angießen. Die Lammhaxen in den Topf geben und im vorgeheizten Ofen auf der mittleren Schiene zugedeckt etwa 3 1/2 Stunden weich schmoren, dabei mehrmals wenden. 30 Minuten vor Ende der Garzeit die Lauchwürfel und das Lorbeerblatt in die Sauce geben.

4 Die Lammhaxen herausnehmen und die Sauce durch ein Sieb gießen. Das Lorbeerblatt entfernen und das Gemüse beiseite stellen. Die Sauce in einem Topf etwas einköcheln lassen. Die Speisestärke mit wenig kaltem Wasser glatt rühren, unter die Sauce rühren und 1 bis 2 Minuten sanft köcheln lassen. Den Topf vom Herd nehmen, den Knoblauch, den Ingwer, die Zitronenschale und den Thymian dazugeben, einige Minuten in der Sauce ziehen lassen und wieder entfernen. Mit Salz und Pfeffer abschmecken und das Gemüse und die Lammhaxen wieder in der Sauce erwärmen.

Der **Meister**-Tipp

Das Lammhaxerlfleisch vor dem Servieren von den Knochen lösen und quer in Scheiben schneiden. Das Fleisch zum Warmhalten am besten wieder in die Sauce legen.

Lammcurry
mit Joghurt

Zutaten für 4 Personen:

1 kg Lammfleisch
(aus der Schulter)
700 g Zwiebeln · 2 EL Öl
1 EL Tomatenmark
1 l Geflügelbrühe
2 EL »Schuhbecks Curry«
(ersatzweise Madras-
Currypulver)
Salz · 150 g Naturjoghurt

Zubereitung:

1 Das Lammfleisch von groben Sehnen befreien und in 2 cm große Würfel schneiden. Die Zwiebeln schälen und ebenfalls in Würfel schneiden.

2 Das Öl in einem großen Schmortopf erhitzen, das Lammfleisch darin bei mittlerer Hitze anbraten und herausnehmen. Die Zwiebeln in den Topf geben und anschwitzen. Das Tomatenmark unterrühren und etwas mitschwitzen lassen. Die Geflügelbrühe angießen. Das Fleisch wieder in den Topf geben und bei milder Hitze 3 1/2 Stunden mehr ziehen als köcheln lassen.

3 Das Fleisch am Ende der Garzeit mit Curry und Salz würzen und weitere 5 bis 10 Minuten ziehen lassen. Den Joghurt in einer Schüssel glatt rühren und das Lammcurry beim Anrichten damit beträufeln.

Der Meister-Tipp

Als Beilage zu Lammcurry eignet sich besonders Basmati- oder Kräuterreis. Man kann aber auch gekochte Kartoffeln dazu servieren.

Rehragout
mit Trauben und Speck

Zutaten für 4 Personen:

800 g Rehfleisch
(aus der Schulter)
200 g Knollensellerie
1 Karotte · 2 Zwiebeln
1–2 EL Öl · 1 EL Tomatenmark
200 ml Rotwein · 4 cl Cognac
1/2 l Geflügelbrühe
1 Lorbeerblatt
1/2 TL schwarze Pfefferkörner
je 5 Pimentkörner und
Wacholderbeeren
1 Knoblauchzehe
(geschält und halbiert)
1 Scheibe Ingwer · 1 Streifen
unbehandelte Orangenschale
1 TL Puderzucker
5 EL Rotweinessig
10 g Zartbitterschokolade
1 EL Johannisbeergelee
Salz · Pfeffer aus der Mühle
2 EL Butter
4 durchwachsene
Speckscheiben · 1 TL Öl
80 g kleine grüne Weintrauben
(kernlos) · 1/2–1 EL Butter

Zubereitung:

1 Das Rehfleisch von groben Sehnen befreien und in 3 bis 4 cm große Würfel schneiden. Den Knollensellerie, die Karotte und die Zwiebeln schälen und in 1 cm große Würfel schneiden.

2 Das Öl in einem breiten Topf erhitzen und die Rehfleischwürfel darin bei mittlerer Hitze von allen Seiten anbraten. Die Gemüsewürfel und das Tomatenmark unterrühren und etwas mitschwitzen lassen. Mit Rotwein und Cognac ablöschen und sirupartig einköcheln lassen. So viel Geflügelbrühe angießen, dass das Fleisch gut bedeckt ist. Das Rehfleisch zugedeckt bei milder Hitze 1 1/2 Stunden weich schmoren. Nach 1 Stunde Lorbeerblatt, Pfeffer- und Pimentkörner sowie Wacholderbeeren dazugeben.

3 Die Fleischwürfel aus dem Topf nehmen. Die Sauce durch ein Sieb passieren und je nach Konsistenz noch etwas einköcheln lassen. Den Knoblauch, den Ingwer und die Orangenschale dazugeben, einige Minuten in der Sauce ziehen lassen und wieder entfernen.

4 Den Puderzucker in einer kleinen Pfanne bei mittlerer Hitze hell karamellisieren. Mit dem Essig ablöschen und auf die Hälfte einköcheln lassen.

5 Die Schokolade unter die Gemüsesauce rühren und schmelzen lassen. Mit Johannisbeergelee, Salz, Pfeffer und dem eingekochten Essig abschmecken und die Butter unterrühren. Das Fleisch wieder in den Topf geben und in der Sauce erwärmen. Das Rehragout nach Belieben mit etwas Sahne verfeinern.

6 Die Speckscheiben in 1 bis 2 cm breite Streifen schneiden. Das Öl in einer Pfanne erhitzen und die Speckstreifen darin bei mittlerer Hitze kross braten. Auf Küchenpapier abtropfen lassen. Die Weintrauben waschen, abtropfen lassen, falls nötig häuten und je nach Größe halbieren. Die Butter in einer Pfanne zerlassen und die Trauben darin bei milder Hitze anschwitzen. Das Rehragout auf vorgewärmte Teller verteilen und mit den Speckstreifen und den Trauben garnieren.

Hähnchenkeulen in Chili-Zitronen-Sauce

Zutaten für 4 Personen:

1 Zwiebel
4 Hähnchenkeulen (küchenfertig)
100 ml Olivenöl
150 ml Weißwein
200 ml Geflügelbrühe
1 rote Chilischote
400 g kleine fest kochende Kartoffeln
1 kleines Lorbeerblatt
abgeriebene Schale von 1 unbehandelten Zitrone
1 Knoblauchzehe (geschält und halbiert)
1 Scheibe Ingwer
1 Thymianzweig
Salz

Zubereitung:

1 Die Zwiebel schälen und in 1 cm große Blätter schneiden. Die Hähnchenkeulen von der Haut befreien und am Gelenk halbieren.

2 In einem Topf 1 EL Olivenöl erhitzen, die Hähnchenkeulen darin bei mittlerer Hitze rundum anbraten und herausnehmen. Die Zwiebelblätter in den Topf geben und glasig anschwitzen. Den Weißwein hinzufügen und auf ein Drittel einköcheln lassen. Die Geflügelbrühe angießen, die Hähnchenkeulen hineingeben und zugedeckt knapp unter dem Siedepunkt etwa 50 Minuten ziehen lassen.

3 Die Chilischote längs halbieren, entkernen, waschen und quer in Streifen schneiden. Die Kartoffeln schälen und in 1/2 cm dicke Scheiben schneiden. Nach 20 Minuten Garzeit die Kartoffelscheiben mit den Chilistreifen und dem Lorbeerblatt zu den Hähnchenkeulen geben.

4 Am Ende der Garzeit den Sud vorsichtig abgießen und auffangen. Den Sud mit dem restlichen Olivenöl und der Zitronenschale mit dem Stabmixer pürieren und wieder in den Topf geben. Den Knoblauch, den Ingwer und den Thymian in die Sauce geben, 15 Minuten ziehen lassen und mit dem Lorbeerblatt wieder entfernen. Die Sauce mit Salz und nach Belieben mit etwas Cayennepfeffer abschmecken.

5 Die Hähnchenkeulen mit der Chili-Zitronen-Sauce und den Kartoffeln auf vorgewärmten Tellern anrichten und nach Belieben mit Zitronenvierteln servieren.

Der **Meister**-Tipp

Wer möchte, kann das Gericht mit eingelegten, getrocknete Tomaten variieren. Man schneidet sie in Streifen und gibt sie am Ende der Garzeit in den Sud. Statt mit Thymian kann man dann mit Rosmarin würzen.

Kräuterbrathendl
mit Zitronenfüllung

Zutaten für 4 Personen:

1 Karotte · 2 Zwiebeln
120 g Knollensellerie
1 EL Puderzucker
1 EL Tomatenmark
80 ml Weißwein
200 ml Geflügelbrühe
2 unbehandelte Zitronen
1 Masthähnchen (1,8–2 kg)
einige frische Kräuterblätter (z. B. Salbei, Basilikum, Petersilie) zum Unterlegen
1 1/2 EL »Schuhbecks Brathendlgewürz« (ersatzweise Salz und Pfeffer aus der Mühle)
2 kleine Rosmarinzweige
60 g flüssige Butter

Zubereitung:

1 Die Karotte, die Zwiebeln und den Knollensellerie schälen und in kleine Würfel schneiden. Einen ofenfesten Bräter erhitzen, die Gemüsewürfel und den Puderzucker darin bei milder Hitze glasig anschwitzen. Das Tomatenmark unterrühren und etwas mitschwitzen lassen. Den Weißwein hinzufügen und sirupartig einköcheln lassen. Die Geflügelbrühe angießen und bei milder Hitze knapp unter dem Siedepunkt 15 Minuten ziehen lassen.

2 Den Backofen auf 160 °C vorheizen. Die Zitronen heiß waschen, trockenreiben und in 2 cm große Stücke schneiden. Das Hähnchen von den Innereien befreien, innen und außen waschen und trockentupfen. Mit einem Esslöffelstiel die Hähnchenbrusthaut vom Hals her anheben, die Kräuterblätter auf das Brustfleisch legen und die Haut straff darüber ziehen. Die Bauchhöhle mit 1 EL Brathendlgewürz würzen und mit den Zitronenstücken und dem Rosmarin füllen.

3 Das Hähnchen auf die Gemüsesauce setzen, mit Butter bestreichen und im vorgeheizten Ofen auf der mittleren Schiene 50 Minuten garen. Die Backofentemperatur auf 200 °C erhöhen und das Hähnchen weitere 20 Minuten knusprig braun braten. Die restliche Butter mit dem restlichen Brathendlgewürz mischen und das Hähnchen in den letzten 20 Minuten mehrmals mit der Gewürzbutter bestreichen.

Der **Meister**-Tipp

Das Hendl gart bei milder Backofentemperatur, erst für die Kruste wird die Temperatur erhöht. So bleibt das Fleisch schön saftig und die Kruste wird goldbraun und knusprig.

Backhendl
auf Kartoffel-Pfifferling-Salat

Zutaten für 4 Personen:

Für den Salat:

750 g fest kochende Kartoffeln
Salz · 1 TL ganzer Kümmel
350 ml Geflügelbrühe
3 EL Weinessig
1 TL scharfer Senf
Pfeffer aus der Mühle
Zucker · 250 g Pfifferlinge
1 kleine Zwiebel · 4 EL Öl
1 EL Schnittlauchröllchen

Für das Backhendl:

2 Eier · Salz
Pfeffer aus der Mühle
frisch geriebene Muskatnuss
1 Msp. abgeriebene unbehandelte Zitronenschale
4 Hähnchenbrüste (à 170 g; küchenfertig, ohne Haut)
50 g doppelgriffiges Mehl
50 g Semmelbrösel
Öl zum Ausbacken
1 EL kalte Butter
einige Spritzer Zitronensaft

Zubereitung:

1 Für den Salat die Kartoffeln in reichlich Salzwasser mit dem Kümmel weich kochen, abgießen und noch heiß schälen. Die Kartoffeln in Scheiben schneiden und in eine Schüssel geben.

2 Die Geflügelbrühe in einem Topf zum Kochen bringen. Vom Herd nehmen, den Essig und den Senf unterrühren. Die Brühe mit Salz, Pfeffer und 1 Prise Zucker würzen und die Kartoffeln damit marinieren.

3 Die Pfifferlinge putzen, trocken abreiben und klein schneiden. Die Zwiebel schälen und in kleine Würfel schneiden. In einer Pfanne 1 EL Öl erhitzen und die Zwiebelwürfel darin bei milder Hitze glasig anschwitzen. Die Pfifferlinge hinzufügen und etwas mitschwitzen lassen, mit Salz und Pfeffer würzen. Die Zwiebel-Pfifferling-Mischung mit dem restlichen Öl zu den Kartoffeln geben. Die Schnittlauchröllchen hinzufügen und den Kartoffel-Pfifferling-Salat nochmals mit Salz, Pfeffer und Zucker abschmecken.

4 Für das Backhendl die Eier in einem tiefen Teller verquirlen und mit Salz, Pfeffer, Muskatnuss und Zitronenschale würzen. Die Hähnchenbrüste waschen, trockentupfen und jeweils in drei Teile schneiden. Mit Salz und Pfeffer würzen. Die Hähnchenteile nacheinander zuerst im Mehl wenden, dann vorsichtig durch die verquirlten Eier ziehen und zuletzt mit den Semmelbröseln panieren, die Panade dabei nicht zu fest andrücken.

5 In eine tiefe Pfanne 2 cm hoch Öl einfüllen und erhitzen. Die panierten Hähnchenteile darin bei mittlerer Hitze auf beiden Seiten goldbraun backen. Zuletzt die Butter dazugeben und aufschäumen lassen. Die Hähnchenteile herausnehmen und auf Küchenpapier abtropfen lassen. Leicht mit Salz würzen und mit Zitronensaft beträufeln. Das Backhendl mit dem Kartoffel-Pfifferling-Salat auf Tellern anrichten.

Der **Meister**-Tipp

Je nach Saison können Sie den Kartoffelsalat statt mit Pfifferlingen auch mit Radieschen, Gurken oder eingelegtem Kürbis zubereiten.

Thaicurry mit Huhn

Zutaten für 4 Personen:

1/2 Zwiebel
3 junge Knoblauchzehen
1 Stange Zitronengras
6 Zitronenblätter
1 EL Butter
1 TL Tomatenmark
1/2 l Kokosmilch (aus der Dose)
50 g brauner Zucker
Saft von 1 Limette · Salz
1 EL »Schuhbecks Thaicurry« (ersatzweise fruchtiges Currypulver)
Cayennepfeffer
2 TL Ingwer (gehackt)
1–2 TL Speisestärke
4 Poulardenbrüste (à ca. 170 g)
1 EL Öl

Zubereitung:

1 Die Zwiebel schälen und in sehr kleine Würfel schneiden, den Knoblauch schälen und hacken. Das Zitronengras putzen, waschen und mit einem Messerrücken zerdrücken. Die Zitronenblätter waschen und trockentupfen. Die Butter in einem Topf zerlassen und alle Zutaten darin bei milder Hitze hell anbräunen. Das Tomatenmark unterrühren und etwas mitschwitzen lassen. Die Kokosmilch hinzufügen und alles aufkochen lassen.

2 Den Zucker und den Limettensaft hinzufügen. Die Sauce mit Salz, Thaicurry und 1 Prise Cayennepfeffer herzhaft würzen. Den Ingwer dazugeben und das Curry einige Minuten bei milder Hitze ziehen lassen.

3 Das Thaicurry mit dem Stabmixer pürieren, durch ein Sieb passieren und aufkochen lassen. Die Speisestärke mit wenig kaltem Wasser glatt rühren, unter die Sauce rühren und 2 Minuten köcheln lassen.

4 Die Poulardenbrüste waschen, trockentupfen und in 1 1/2 bis 2 cm große Würfel schneiden. Das Öl in einer Pfanne erhitzen und die Poulardenwürfel bei mittlerer Hitze von allen Seiten leicht anbraten. Die Poulardenwürfel in die Sauce geben und 3 Minuten durchziehen lassen. Das Thaicurry in vorgewärmten Suppentellern oder -schälchen servieren.

Der Meister-Tipp

»Schuhbecks Thaicurry« ist durch die Aromen von getrockneter Mango, Kokosnuss und Zitronengras ein sehr fruchtiges Gewürz mit milder Schärfe. Wer das Gericht feuriger mag, fügt etwas mehr Cayennepfeffer hinzu.

Chicken Wings
mit Mangochutney

Zutaten für 4 Personen:

Für die Chicken Wings:

1 1/2 kg Hühnerflügel
2 TL Zucker · 3 TL Salz
4 TL Paprikapulver (edelsüß)
1 TL Cayennepfeffer
2 EL »Schuhbecks Curry« (ersatzweise Madras-Currypulver)
je 1/2 TL gemahlener Kreuzkümmel und Koriander
1 gestr. TL gemahlener Kardamom · 1/2 TL Zimtpulver
je 1 EL Ingwer und Knoblauch (gehackt) · 8 EL Ketchup
4 TL scharfer Senf · 100 ml Öl

Für das Chutney:

1 ganzer Sternanis
1 Splitter Zimtrinde
je 1 TL Kardamomkapseln und Pimentkörner
1 EL Pfefferkörner
1 große reife Mango
1 Knoblauchzehe · 1 Zwiebel
1–2 EL Olivenöl
50 ml Weißwein
1 TL brauner Zucker
1 EL Rotweinessig
1/2 Vanilleschote
1 Scheibe Ingwer

Zubereitung:

1 Für die Chicken Wings die Hühnerflügel waschen, trockentupfen und am Gelenk halbieren. Für die Marinade alle restlichen Zutaten in einer Schüssel gut verrühren.

2 Die Flügelstücke in einer entsprechend großen Form mit der Marinade mischen und zugedeckt mindestens 2 Stunden im Kühlschrank ziehen lassen.

3 Den Backofen auf 220 °C vorheizen. Die Hühnerflügel aus der Marinade nehmen, abtropfen lassen und auf einem mit Backpapier ausgelegten Backblech im vorgeheizten Ofen auf der mittleren Schiene 30 bis 40 Minuten kross backen. Die Chicken Wings dabei gelegentlich wenden.

4 Für das Chutney Sternanis, Zimt, Kardamomkapseln, Piment- und Pfefferkörner in einer beschichteten Pfanne ohne Fett anrösten und abkühlen lassen. Die Gewürze grob zerstoßen und in eine Gewürzmühle füllen.

5 Das Mangofruchtfleisch vom faserigen Kern schneiden, schälen und in kleine Würfel schneiden. Den Knoblauch schälen und in dünne Scheiben schneiden. Die Zwiebel schälen und in kleine Würfel schneiden. Das Olivenöl in einem Topf erhitzen, die Knoblauchscheiben und die Zwiebelwürfel darin bei milder Hitze glasig anschwitzen. Mit dem Weißwein ablöschen und etwas einköcheln lassen.

6 Die Mangowürfel und den Zucker zu den Zwiebeln geben, mit der Mischung aus der Gewürzmühle würzen. Den Essig, die Vanilleschote und den Ingwer dazugeben und bei milder Hitze etwa 10 Minuten köcheln lassen. Vanilleschote und Ingwer wieder entfernen. Das Mangochutney zu den Chicken Wings servieren.

Kartoffelgröstel
mit Hähnchen und Bohnen

Zutaten für 4 Personen:

800 g kleine fest kochende Kartoffeln
Salz · 1 TL ganzer Kümmel
200 g feine grüne Bohnen (Keniabohnen)
4 Schalotten
2 Karotten
700 g Freilandhähnchenbrust (ohne Haut)
2 EL Öl
Pfeffer aus der Mühle
getrocknetes Bohnenkraut
gemahlener Kümmel
1 TL »Schuhbecks Madrascurry«
1 EL Petersilie (gehackt)

Zubereitung:

1 Die Kartoffeln in reichlich Salzwasser mit dem Kümmel weich kochen, abgießen, noch heiß schälen und abkühlen lassen. Die Kartoffeln in Scheiben schneiden.

2 Die Bohnen putzen, waschen, schräg halbieren und in kochendem Salzwasser bissfest blanchieren. In ein Sieb abgießen, kalt abschrecken und abtropfen lassen. Die Schalotten schälen und der Länge nach in Streifen schneiden. Die Karotten schälen, der Länge nach dritteln und schräg in 2 cm lange Stifte schneiden. Die Karottenstifte in kochendem Salzwasser bissfest blanchieren, in ein Sieb abgießen, kalt abschrecken und abtropfen lassen.

3 Die Hähnchenbrüste waschen, trockentupfen und in 1 ½ bis 2 cm große Würfel schneiden.

4 In einer Pfanne 1 EL Öl erhitzen und die Kartoffelscheiben darin anbraten. Die Schalottenstreifen hinzufügen und mitbraten. Die Karotten und die Bohnen dazugeben, mit Salz, Pfeffer und je 1 Prise Bohnenkraut und Kümmel würzen.

5 Das restliche Öl in einer weiteren Pfanne erhitzen, die Hähnchenbrustwürfel darin bei milder Hitze etwa 4 Minuten anbraten und mit Madrascurry würzen. Die Hähnchenwürfel in die Kartoffelpfanne geben und 2 Minuten mitbraten. Das Gröstel auf vorgewärmten Tellern anrichten und mit der Petersilie bestreuen.

Der **Meister**-Tipp

Für Bratkartoffeln eignen sich am besten fest kochende Kartoffelsorten, wie z. B. Sieglinde. Sie nehmen beim Braten weniger Fett auf als mehlig kochende Sorten.

FC BAYERN MÜNCHEN

7 Süßes & Desserts

Holunderblütencreme mit Aprikosenröster

Zutaten für 4 Personen:

Für die Creme:

150 ml Milch

½ ausgekratzte Vanilleschote

60 g Zucker

3 EL Holunderblüten

5 Blatt Gelatine

130 g Sahne

300 g Naturjoghurt

einige Spritzer Zitronensaft

Für den Aprikosenröster:

1 kg Aprikosen

150 g Zucker

Saft von 1 Zitrone

1 Zimtrinde

½ Vanilleschote

Zubereitung:

1 Für die Creme die Milch mit der Vanilleschote und dem Zucker in einem Topf erhitzen. Den Topf vom Herd nehmen, die Holunderblüten einstreuen und 30 Minuten ziehen lassen. Die Gelatine in kaltem Wasser einweichen. Die Holundermilch durch ein Sieb gießen und auffangen. Die Sahne halbsteif schlagen.

2 Die Holundermilch nochmals leicht erwärmen, die Gelatine gut ausdrücken und in der Milch auflösen. Den Joghurt unterrühren, die Sahne unterheben und mit etwas Zitronensaft abschmecken. Die Holunderblütencreme in Portionsförmchen oder Gläser füllen und zugedeckt mehrere Stunden kühl stellen.

3 Für den Aprikosenröster den Backofen auf 180 °C vorheizen. Die Aprikosen waschen, vierteln und entsteinen. Die Aprikosenviertel mit dem Zucker, dem Zitronensaft, dem Zimt und der Vanilleschote mischen, auf einem Backblech verteilen und 30 Minuten ziehen lassen.

4 Die Aprikosen im vorgeheizten Ofen auf der mittleren Schiene 12 bis 15 Minuten weich garen, dabei öfter durchrühren. Den Aprikosenröster aus dem Ofen nehmen und lauwarm abkühlen lassen. Den Zimt und die Vanilleschote entfernen.

5 Zum Anrichten die Förmchen in heißes Wasser tauchen, die Creme auf Dessertteller stürzen und den Aprikosenröster dazu anrichten. Nach Belieben mit Minze garnieren und mit Puderzucker bestäuben.

Der Meister-Tipp

Zum Stürzen taucht man die Porzellanförmchen bis zum oberen Rand etwa 7 Sekunden in fast siedendes Wasser – dadurch löst sich die Creme leicht aus der Form. Förmchen aus Edelstahl muss man nur kurz ins heiße Wasser tauchen.

Mandelcreme
mit Pfirsichkompott

Zutaten für 4 Personen:

Für die Mandelcreme:

2 Blatt Gelatine
60 g Marzipanrohmasse
150 ml Milch
1 EL Mandellikör
(z. B. Amaretto)
125 g Sahne

Für das Kompott:

2 Pfirsiche
150 g Brombeeren
1 EL Puderzucker
1/4 Vanilleschote
1 Streifen unbehandelte
Orangenschale
1/8 l Orangensaft
1 EL kalte Butter

Zum Anrichten:

1 EL geriebene,
geschälte Mandeln
Puderzucker zum Bestäuben

Zubereitung:

1 Für die Mandelcreme die Gelatine in kaltem Wasser einweichen. Das Marzipan mit der Milch in einem hohen Rührbecher mit dem Stabmixer glatt rühren. Die Gelatine gut ausdrücken. Etwas Marzipanmilch abnehmen und erwärmen, die Gelatine darin unter Rühren auflösen und zur restlichen Marzipanmilch geben. Den Mandellikör unterrühren und die Mandelmasse abkühlen lassen, bis sie zu gelieren beginnt.

2 Die Sahne halbsteif schlagen. Ein Drittel der Sahne mit dem Schneebesen unter die Mandelmasse rühren, die restliche Sahne unterheben. Die Creme in flache Portionsförmchen (10 cm Durchmesser, 2 cm Höhe) füllen und mindestens 2 Stunden im Kühlschrank fest werden lassen.

3 Für das Kompott die Pfirsiche waschen, halbieren und entsteinen, die Pfirsichhälften in schmale Spalten schneiden. Die Brombeeren verlesen, waschen und abtropfen lassen. Den Puderzucker in einer Pfanne bei mittlerer Hitze hell karamellisieren und die Pfirsichspalten darin auf beiden Seiten anschwitzen. Die Vanilleschote und die Orangenschale hinzufügen, die Pfirsichspalten aus der Pfanne nehmen. Den Orangensaft dazugeben und etwas einköcheln lassen, die Butter unterrühren. Die Vanilleschote und die Orangenschale wieder entfernen. Die Pfirsichspalten und die Brombeeren in die Pfanne geben.

4 Zum Anrichten die Förmchen in heißes Wasser tauchen und die Creme auf Dessertteller stürzen. Mit den Mandeln bestreuen, mit Puderzucker bestäuben und das Pfirsichkompott daneben anrichten.

Der **Meister**-Tipp

Die Mandelmilch sollte bereits leicht gelieren, bevor die Sahne dazugegeben wird. Nur so entsteht eine gleichmäßige Creme, die sich beim Kühlen nicht mehr absetzt.

Bayerische Creme
mit marinierten Erdbeeren

Zutaten für 4 Personen:

Für die Creme:

2 Blatt Gelatine
300 g Sahne
3 Eigelb
50 g Puderzucker
Mark von 2 Vanilleschoten
1 EL Kirschwasser

Für die Erdbeeren:

250 g Erdbeeren
1–2 EL Puderzucker
1 Spritzer Zitronensaft

Zubereitung:

1 Für die Creme die Gelatine in kaltem Wasser einweichen. Die Sahne halbsteif schlagen. Die Eigelbe mit dem Puderzucker und dem Vanillemark in eine Schüssel geben und zu einer hell-schaumigen Masse aufschlagen.

2 Die Gelatine gut ausdrücken. Das Kirschwasser in einem kleinen Topf erwärmen und vom Herd nehmen. Die Gelatine darin unter Rühren auflösen und unter die Eigelbmasse rühren. Ein Drittel der Sahne mit dem Schneebesen unterrühren, die restliche Sahne vorsichtig unterheben. Die Creme in Portionsförmchen (à 150 ml Inhalt) füllen und mindestens 1 Stunde im Kühlschrank fest werden lassen.

3 Für die Erdbeeren die Früchte waschen, putzen und achteln. Mit Puderzucker bestäuben, mit Zitronensaft beträufeln und marinieren lassen.

4 Zum Anrichten die Förmchen in heißes Wasser tauchen, die Creme auf Dessertteller stürzen und die marinierten Erdbeeren daneben verteilen. Nach Belieben mit Minze garniert servieren.

Der **Meister**-Tipp

Ausgekratzte Vanilleschoten können 1 bis 2 Tage getrocknet und verschlossen aufbewahrt werden. Sie eignen sich zum Verfeinern von Kompotten, aber auch für herzhafte Gerichte, wie z. B. die Garnelen im FC-Bayern-Salat (siehe Seite 58).

Kaffee-Panna-cotta
mit marinierten Heidelbeeren

Zutaten für 4 Personen:

Für die Panna cotta:

40 g Kaffeebohnen
400 g Sahne
4 Blatt Gelatine
1 Vanilleschote
200 ml Milch
50 g Zucker

Für die Heidelbeeren:

150 g Heidelbeeren
2 EL Zucker
einige Spritzer Zitronensaft
Puderzucker

Zubereitung:

1 Für die Panna cotta die Kaffeebohnen in einer beschichteten Pfanne ohne Fett leicht anrösten, bis sie zu duften beginnen. Die Kaffeebohnen in die Sahne geben und zugedeckt am besten über Nacht (aber mindestens 3 Stunden) im Kühlschrank ziehen lassen.

2 Die Kaffeesahne durch ein Sieb abgießen und auffangen. Die Gelatine in kaltem Wasser einweichen. Die Vanilleschote der Länge nach aufschneiden. Die Milch mit der Hälfte der Kaffeesahne, der Vanilleschote und dem Zucker in einem Topf aufkochen, kurz köcheln lassen und durch ein Sieb in eine Schüssel gießen.

3 Die Gelatine gut ausdrücken, in der heißen Kaffeemilch unter Rühren auflösen und abkühlen lassen, bis die Masse zu gelieren beginnt. Die restliche Kaffeesahne halbsteif schlagen und unter die gelierende Creme heben. Die Kaffee-Panna-cotta in Portionsförmchen füllen und mindestens 2 Stunden im Kühlschrank fest werden lassen.

4 Für die Heidelbeeren die Früchte verlesen, waschen und abtropfen lassen. Ein Drittel der Beeren mit dem Zucker in einen hohen Rührbecher geben, mit dem Stabmixer pürieren und durch ein Sieb streichen. Mit Zitronensaft und Puderzucker abschmecken und mit den restlichen Heidelbeeren mischen.

5 Zum Anrichten die Förmchen in heißes Wasser tauchen, die Kaffee-Panna-cotta auf Dessertteller stürzen und mit den marinierten Heidelbeeren anrichten.

Der **Meister**-Tipp

Durch das Anrösten entfalten die Kaffeebohnen ein stärkeres Aroma. Wichtig ist, dass die Bohnen bei milder Hitze geröstet werden, bis sie angenehm duften, und dass sie noch warm in die Sahne gegeben werden.

Crème brûlée

Zutaten für 6 Personen:

1 Vanilleschote
250 g Sahne
1/4 l Milch
60 g Zucker
5 Eigelb
brauner Zucker
zum Karamellisieren

Zubereitung:

1 Die Vanilleschote der Länge nach aufschneiden und das Mark herauskratzen. Die Sahne mit der Milch, dem Vanillemark, der Vanilleschote und der Hälfte des Zuckers in einem Topf aufkochen. Die Vanillesahne vom Herd nehmen und zugedeckt etwa 15 Minuten ziehen lassen.

2 Den Backofen auf 150 °C vorheizen. Die Eigelbe mit dem restlichen Zucker gut verrühren, aber nicht schaumig schlagen. Die Vanilleschote entfernen und die noch heiße Vanillesahne langsam unter die Eigelbe rühren. Durch ein feines Sieb gießen und in Portionsförmchen aus Porzellan (à 100 ml Inhalt) füllen.

3 Die Schälchen in ein tiefes Backblech stellen und so viel heißes Wasser angießen, dass die Schälchen zu zwei Dritteln im Wasser stehen. Die Creme im vorgeheizten Ofen auf der mittleren Schiene 40 bis 50 Minuten puddingartig stocken lassen. Nach 30 Minuten Garzeit zum ersten Mal die Konsistenz der Creme prüfen und bei Bedarf früher aus dem Wasserbad nehmen. Die Schälchen mindestens 4 Stunden, am besten über Nacht, kühl stellen.

4 Kurz vor dem Servieren den Backofengrill einschalten. Die Creme in den Schälchen gleichmäßig mit braunem Zucker bestreuen und unter dem Grill auf der obersten Schiene goldbraun karamellisieren.

Der Meister-Tipp

Damit die Creme eine schöne glatte Oberfläche bekommt, sollten beim Einfüllen der Eiermilch in die Förmchen keine Blasen entstehen.

Schokomousse mit Orangen

Zutaten für 4 Personen:

Für die Schokomousse:

130 g Zartbitterschokolade

50 g Vollmilchschokolade

200 g Sahne

3 Eiweiß · 3 EL Zucker

Für das Orangenkompott:

2 Orangen

60 g Puderzucker

$\frac{1}{4}$ l Orangensaft

2 EL Zucker

$\frac{1}{2}$ Vanilleschote

1 kleines Stück Zimtrinde

1 Streifen unbehandelte Orangenschale

1 TL Speisestärke

1 TL Orangenlikör (z. B. Grand Marnier)

Zubereitung:

1 Für die Schokomousse beide Schokoladensorten grob hacken und im heißen Wasserbad unter Rühren schmelzen. Die Sahne steif schlagen. Die Eiweiße mit dem Zucker zu einem cremigen Schnee schlagen.

2 Die Hälfte des Eischnees unter die noch warme Schokolade rühren, den restlichen Schnee mit der Sahne vorsichtig unterheben. Die Mousse in eine Schüssel füllen und zugedeckt mehrere Stunden kühl stellen.

3 Für das Orangenkompott die Orangen mit einem scharfen Messer so großzügig schälen, dass auch die weiße Haut mit entfernt wird. Die Fruchtfilets aus den Trennhäuten schneiden.

4 Den Puderzucker in einem Topf bei milder Hitze karamellisieren. Mit Orangensaft ablöschen, Zucker, Vanilleschote, Zimt und Orangenschale hinzufügen und bei mittlerer Hitze aufkochen lassen. Die Speisestärke mit wenig kaltem Wasser glatt rühren, in den Topf geben und den Saft 1 bis 2 Minuten weiterköcheln lassen. Etwas abkühlen lassen, die Orangenfilets hinzufügen und das Kompott mit Orangenlikör abschmecken.

5 Aus der Schokomousse mit zwei Esslöffeln Nocken abstechen, dabei die Löffel zwischendurch in heißes Wasser tauchen. Die Schokomousse mit den marinierten Orangenfilets auf Desserttellern anrichten.

Der **Meister**-Tipp

Damit die Schokolade flüssig bleibt, darf beim Schmelzen der Schokolade kein Wasser in die Schüssel gelangen.

Zitronencrêpes mit Himbeeren
und Sauerrahm-Minze-Sauce

Zutaten für 4 Personen:

Für die Sauce:

150 g saure Sahne

50 g Sahne

2 EL Puderzucker

einige Spritzer Zitronensaft

1 TL Minze (fein gehackt)

Für die Himbeeren:

250 g Himbeeren

2 EL Zucker

einige Spritzer Zitronensaft

Puderzucker

Für die Crêpes:

100 g Mehl · Salz

abgeriebene Schale von

1 unbehandelten Zitrone

1 EL Vanillezucker

300 ml Milch · 3 Eier

50 g flüssige Butter

Butter zum Ausbacken

Puderzucker zum Bestäuben

Zubereitung:

1 Für die Sauce die saure Sahne mit der Sahne in einer Schüssel glatt rühren. Den Puderzucker und den Zitronensaft unterrühren. Zuletzt die Minze hinzufügen.

2 Für die Himbeeren die Früchte verlesen, waschen und trockentupfen. Ein Drittel der Himbeeren mit dem Zucker in einen hohen Rührbecher geben, mit dem Stabmixer pürieren und durch ein Sieb streichen. Mit Zitronensaft und Puderzucker abschmecken und mit den restlichen Himbeeren mischen.

3 Für die Crêpes das Mehl mit 1 Prise Salz, der Zitronenschale und dem Vanillezucker in eine Schüssel geben und mit der Hälfte der Milch glatt rühren. Die restliche Milch und die Eier unterrühren und zuletzt die flüssige Butter hinzufügen. Den Teig bei Zimmertemperatur 30 Minuten ruhen lassen.

4 Die Butter in einer Pfanne bei milder Hitze zerlassen und den Teig mit einer Schöpfkelle portionsweise hineingeben. Die Pfanne schwenken und den Teig auf beiden Seiten zu hell gebräunten Crêpes backen.

5 Die Crêpes mit den Himbeeren und der Sauerrahm-Minze-Sauce auf Desserttellern anrichten und mit Puderzucker bestäuben.

Der Meister-Tipp

Für Krokantcrêpes 50 g Mandelkrokant unter den Teig rühren und mit ausbacken. Den Teig in der Schüssel zwischendurch immer wieder durchrühren, sonst setzt sich der Krokant am Boden ab.

Krokantparfait
mit Rhabarber-Feigen-Kompott

Zutaten für 1 Kastenform:

Für den Krokant:

30 g Mandelblättchen
4 EL Zucker

Für das Parfait:

4 Eigelb · 2 Eier
50 g Zucker · 1/2 TL abgeriebene unbehandelte Orangenschale
Mark von 1 Vanilleschote
400 g geschlagene Sahne
4 cl Orangenlikör (z. B. Grand Marnier)

Für das Kompott:

600 g Rhabarber
200 g Zucker
2 Scheiben Ingwer
je 2 Streifen unbehandelte Zitronen- und Orangenschale
2 Splitter Zimtrinde
1 aufgeschlitzte Vanilleschote
1 ganzer Sternanis
80 g Himbeeren und Erdbeeren (geputzt)
1 TL Speisestärke
Zucker zum Abschmecken
einige Spritzer Zitronensaft
4 Feigen

Zubereitung:

1 Für den Krokant die Mandelblättchen in einer beschichteten Pfanne ohne Fett bei milder Hitze anrösten und aus der Pfanne nehmen. Den Zucker in der Pfanne bei milder Hitze hell karamellisieren und die Mandelblättchen rasch unterrühren. Ein Blatt Backpapier auf die Arbeitsfläche oder ein Schneidebrett legen, den Mandelkaramell darauf geben und ein zweites Blatt Backpapier darüber legen. Die Karamellmasse mit dem Nudelholz möglichst dünn ausrollen, abkühlen lassen und fein zerstoßen.

2 Für das Parfait die Eigelbe, die Eier, 2 EL Zucker, die Orangenschale und das Vanillemark hell-schaumig schlagen. Den restlichen Zucker mit 4 EL Wasser in einem Topf aufkochen und köcheln lassen, bis der Sirup klar ist. Den Sirup unter die Eigelbmasse rühren und im heißen Wasserbad zu einer dick-schaumigen Creme aufschlagen (dabei 80 °C nicht überschreiten). Dann im kalten Wasserbad so lange schlagen, bis die Masse vollständig abgekühlt ist. Die Sahne und den Krokant unterheben, mit Orangenlikör abschmecken. Die Krokantparfaitmasse in eine mit Frischhaltefolie oder Backpapier ausgelegte Kastenkuchenform füllen, mit Backpapier abdecken und im Tiefkühlfach 1 Tag gefrieren lassen.

3 Für das Kompott den Backofen auf 180 °C vorheizen. Den Rhabarber waschen, die Blatt- und Stielansätze entfernen. Die Rhabarberstangen quer in 1 cm breite Stücke schneiden und auf ein tiefes Backblech geben. In einem Topf 75 ml Wasser mit Zucker, Ingwer, Zitronen- und Orangenschalen, Zimt, Vanilleschote und Sternanis einige Minuten dickflüssig einköcheln lassen. Über die Rhabarberstücke verteilen und einige Him- und Erdbeeren darüber geben, mit Alufolie abdecken und im vorgeheizten Ofen auf der mittleren Schiene etwa 25 Minuten gar ziehen lassen.

4 Den Rhabarber aus dem Ofen nehmen und etwas abkühlen lassen. Den Sud vorsichtig durch ein Sieb gießen und auffangen. Die Erd- und Himbeeren mit durch das Sieb drücken. Alle ganzen Gewürze aus dem Rhabarber entfernen. Den Rhabarbersud einmal aufkochen lassen. Die Speisestärke mit etwas kaltem Wasser anrühren, unter den Sud rühren und 2 Minuten köcheln lassen. Durch ein Sieb in eine Schüssel gießen und mit dem Rhabarber mischen. Das Kompott mit Zucker und Zitronensaft abschmecken. Die Feigen waschen, in schmale Spalten schneiden und unter das Rhabarberkompott mischen.

5 Zum Anrichten das Krokantparfait aus der Form stürzen, in Scheiben schneiden und mit dem Kompott auf Tellern servieren.

Süßer Milchreis
mit eingelegten Kirschen

Zutaten für 4 Personen:

Für den Milchreis:

130 g Milchreis · 1 l Milch
1 ausgekratzte Vanilleschote
Salz · 1 Zimtrinde
1–2 EL Zucker
1 TL abgeriebene unbehandelte Zitronenschale

Für die Kirschen:

400 g Herzkirschen (ersatzweise 300 g Sauerkirschen aus dem Glas)
1 TL Speisestärke
100 ml Rotwein
100 ml roter Portwein
100 ml Sauerkirschsaft
4 EL Zucker · 1 ganzer Sternanis
1 kleines Stück Zimtrinde
1/2 ausgekratzte Vanilleschote
1 Streifen unbehandelte Orangenschale
2 cl Kirschwasser · 1 TL Honig

Zum Anrichten:

1 EL Zimtzucker

Zubereitung:

1 Für den Milchreis den Reis in einem Sieb waschen und abtropfen lassen. In einem Topf mit der Milch, der Vanilleschote und 1 Prise Salz langsam aufkochen lassen. Unter häufigem Rühren bei milder Hitze 25 bis 30 Minuten köcheln lassen, nach 20 Minuten den Zimt hinzufügen. Am Ende der Garzeit den Zucker und die Zitronenschale unterrühren, den Zimt und die Vanilleschote entfernen.

2 Für die Kirschen die Früchte waschen, halbieren und entsteinen. Die Speisestärke mit etwas Rotwein glatt rühren. Den restlichen Rotwein mit Portwein, Kirschsaft, Zucker, Sternanis, Zimt, Vanilleschote und Orangenschale zum Kochen bringen. Die Speisestärke unterrühren und weitere 2 Minuten sanft köcheln lassen. Den Weinsud durch ein Sieb über die Kirschen gießen und nochmals aufkochen lassen. Vom Herd nehmen und mit Kirschwasser und Honig abschmecken.

3 Zum Anrichten den Milchreis in Dessertschalen füllen, mit Zimtzucker bestreuen und je 1 bis 2 EL eingelegte Kirschen darauf anrichten.

Der **Meister**-Tipp

Süßt man den Milchreis erst zum Schluss mit Zucker, benötigt er weniger Zeit zum Garen.

Topfenschmarren
mit Johannisbeeren

Zutaten für 4 Personen:

Für den Topfenschmarren:

100 g Mehl
1/4 l Milch
Mark von 1 Vanilleschote
1 TL abgeriebene unbehandelte Zitronenschale
4 Eigelb
100 g Topfen (abgetropfter Quark) oder Quark
4 Eiweiß
Salz
70 g Zucker
40 g Butter

Für die Johannisbeeren:

150 g Rote Johannisbeeren
1 EL Butter
1 EL Puderzucker
1 Streifen unbehandelte Orangenschale
Puderzucker zum Bestäuben

Zubereitung:

1 Für den Topfenschmarren das Mehl mit der Milch, dem Vanillemark und der Zitronenschale in einer Schüssel glatt rühren. Die Eigelbe und den Topfen unterrühren.

2 Die Eiweiße mit 1 Prise Salz steif schlagen, dabei nach und nach die Hälfte des Zuckers einrieseln lassen. Den Eischnee unter die Topfenmasse heben.

3 Den Backofengrill einschalten. Zwei kleine ofenfeste Pfannen (24 bis 26 cm Durchmesser) bei mittlerer Temperatur erhitzen und je 1 TL Butter darin zerlassen. Die Topfenschmarren-Masse in die Pfannen verteilen und die Unterseite hell anbräunen. Den Topfenschmarren in den Pfannen nacheinander unter dem Grill auf der unteren Schiene 2 bis 3 Minuten goldbraun backen.

4 Die Pfannen aus dem Ofen nehmen und die Topfenschmarren mit zwei Gabeln in mundgerechte Stücke zerteilen. Die restliche Butter und den restlichen Zucker hinzufügen und die Schmarren in den Pfannen unter Rühren auf dem Herd karamellisieren.

5 Für die Johannisbeeren die Früchte von den Stielen zupfen, verlesen, waschen und abtropfen lassen. In einer Pfanne die Butter zerlassen und mit Puderzucker bestäuben, die Johannisbeeren und die Orangenschale kurz darin erhitzen.

6 Den Topfenschmarren auf vorgewärmten Tellern anrichten, die Johannisbeeren darauf verteilen und mit Puderzucker bestäuben.

Der Meister-Tipp

Topfenschmarren bräunt etwas schneller als Kaiserschmarren, deshalb sollten Sie ihn besonders achtsam backen. Am besten kontrolliert man öfter, ob der Schmarren unter dem Grill nicht zu dunkel wird.

Karamellisierter Kaiserschmarren

Zutaten für 4 Personen:

80 g Butter
120 g Mehl
1/4 l Milch
4 Eigelb
Mark von 1 Vanilleschote
je 1/2 TL abgeriebene unbehandelte Zitronen- und Orangenschale
2–3 EL Rumrosinen
4 Eiweiß
60 g Zucker
Salz
Puderzucker zum Bestäuben

Zubereitung:

1 Den Backofengrill einschalten. Die Hälfte der Butter in einer Pfanne bei mittlerer Hitze so lange zerlassen, bis sie goldbraun ist und ein nussiges Aroma hat. In einer Schüssel das Mehl, die Milch, die Eigelbe, das Vanillemark, die Zitronen- und Orangenschale und die braune Butter zu einem glatten Teig verrühren. Zuletzt die Rumrosinen unterrühren.

2 Die Eiweiße mit 1 bis 2 EL Zucker und 1 Prise Salz steif schlagen und unter den Teig heben.

3 In zwei kleinen ofenfesten Pfannen (24 bis 26 cm Durchmesser) je 1 EL Butter bei milder Hitze aufschäumen lassen. Den Kaiserschmarren-Teig jeweils 2 cm hoch in die Pfannen gießen und die Unterseite 1 bis 2 Minuten hell anbräunen. Den Kaiserschmarren in den Pfannen nacheinander unter dem Grill auf der unteren Schiene 2 bis 3 Minuten goldbraun backen.

4 Die Pfannen aus dem Ofen nehmen und die Pfannkuchen in mundgerechte Stücke zerteilen. Die restliche Butter und den restlichen Zucker hinzufügen und den Kaiserschmarren auf dem Herd unter Rühren damit karamellisieren. Auf vorgewärmten Tellern anrichten und mit Puderzucker bestäuben.

Der **Meister**-Tipp

Rumrosinen schmecken milder, wenn man sie in einer Mischung aus 2/3 schwarzem Tee und 1/3 Rum einlegt. Die Rosinen quellen schneller, wenn die Flüssigkeit noch warm ist.

Zwetschgenknödel
mit Mandelrahm

Zutaten für 4 Personen:

Für die Knödel:
500 g mehlig kochende Kartoffeln · Salz
4 EL Butter
50 g Speisestärke
50 g doppelgriffiges Mehl
50 g Hartweizengrieß · 1 Ei
abgeriebene Schale von 1 unbehandelten Zitrone
Mark von 1/2 Vanilleschote
12 kleine Zwetschgen
12 Würfelzucker
Zwetschgenwasser zum Beträufeln
2 EL Zucker
1/2 Zimtrinde
1/2 Vanilleschote
1 Streifen unbehandelte Orangenschale

Für den Mandelrahm:
150 g Sahne · 1 EL Puderzucker
1 EL Mandellikör (z. B. Amaretto)

Für die Butterbrösel:
150 g Semmelbrösel
60 g Butter · 2 EL Zucker
Zimtpulver
Puderzucker zum Bestäuben

Zubereitung:

1 Für die Knödel die Kartoffeln in einem Topf in Salzwasser weich kochen, abgießen, schälen und noch warm durch die Kartoffelpresse drücken. Auf einem großen Teller oder einem Tablett ausbreiten, ausdampfen lassen und zugedeckt mehrere Stunden (oder über Nacht) kühl stellen.

2 Die Butter in einer Pfanne bei mittlerer Hitze so lange zerlassen, bis sie goldbraun ist und ein nussiges Aroma hat. Die Kartoffeln mit der Speisestärke, dem Mehl, dem Grieß, dem Ei, 1 Prise Salz, der Zitronenschale und dem Vanillemark zu einem glatten Teig verrühren.

3 Die Zwetschgen waschen, halb aufschneiden und entsteinen. In jede Frucht statt des Steines 1 Würfelzucker geben und auf jedes Zuckerstück einige Tropfen Zwetschgenwasser träufeln.

4 Den Kartoffelteig in 12 gleich große Portionen teilen und leicht flach drücken. In die Mitte jeder Teigscheibe 1 Zwetschge geben, mit Teig umhüllen und mit angefeuchteten Händen zu glatten Knödeln formen.

5 In einem Topf Wasser mit 1 Prise Salz und dem Zucker zum Kochen bringen. Den Zimt, die Vanilleschote und die Orangenschale hinzufügen und die Knödel darin bei milder Hitze 15 Minuten mehr ziehen als köcheln lassen.

6 Für den Mandelrahm die Sahne mit dem Puderzucker zu einer sämigen Sauce aufschlagen und mit dem Mandellikör abschmecken.

7 Für die Butterbrösel die Semmelbrösel in einer beschichteten Pfanne ohne Fett bei mittlerer Hitze anrösten, die Butter dazugeben und zerlassen. Den Zucker und 1 Prise Zimt hinzufügen und die Butterbrösel unter Rühren goldbraun rösten. Anschließend sofort aus der Pfanne nehmen. Die Knödel mit der Schaumkelle aus dem Topf heben und abtropfen lassen. In den Butterbröseln wälzen, mit Puderzucker bestäuben und mit der Mandelsahne auf Desserttellern anrichten.

Scheiterhaufen
mit Apfelscheiben

Zutaten für 1 Kastenform:

Für die Eiermilch:
1/4 l Milch · 250 g Sahne
6 Eier · 70 g Zucker
1–2 EL Rum
Mark von 1/2 Vanilleschote
1 TL abgeriebene unbehandelte Zitronenschale

Für den Scheiterhaufen:
300 g Hefezopf
130 g Butter

Für die Apfelscheiben:
700 g Äpfel
3 EL Butter
1–2 EL Zimtzucker
1–2 EL Zitronensaft

Zum Fertigstellen:
Öl für die Form
40 g Rumrosinen

Zubereitung:

1 Für die Eiermilch alle Zutaten in einen großen, hohen Rührbecher geben, mit dem Stabmixer verrühren und durch ein Sieb gießen.

2 Für den Scheiterhaufen den Hefezopf in 1/2 cm dicke Scheiben schneiden. Die Butter portionsweise in einer Pfanne zerlassen und die Hefezopfscheiben darin nacheinander bei milder Hitze goldgelb braten, dabei die Pfanne immer wieder mit Küchenpapier auswischen.

3 Für die Apfelscheiben die Äpfel schälen, vierteln, entkernen und in 1/2 cm dicke Scheiben schneiden. Die Butter in einer Pfanne zerlassen und die Apfelscheiben darin mit Zimtzucker und Zitronensaft bei milder Hitze 2 bis 3 Minuten auf beiden Seiten braten.

4 Zum Fertigstellen den Backofen auf 170 °C vorheizen. Die Kastenform mit Öl einfetten und mit Backpapier auslegen. Die Hefezopfscheiben mit den Apfelscheiben und den Rumrosinen abwechselnd in die Form schichten, dabei mit den Zopfscheiben beginnen und abschließen. Zwischendurch immer wieder etwas Eiermilch dazugießen.

5 Den Scheiterhaufen im vorgeheizten Ofen auf der mittleren Schiene 60 bis 70 Minuten backen. Aus dem Ofen nehmen und etwas abkühlen lassen. Den Scheiterhaufen aus der Form stürzen, in Scheiben schneiden und servieren.

Der **Meister**-Tipp

Die idealen Begleiter zu diesem Dessert sind Vanilleeis, Joghurteis, Vanillesauce oder Weißwein-Zabaione.

Erdbeer-Pfirsich-Tiramisu

Zutaten für 4 Personen:

2 Eigelb
60 g Puderzucker
250 g Mascarpone
100 g Sahne
2 Eiweiß
8 cl Pfirsichlikör
200 g Erdbeeren
500 g Pfirsiche (aus der Dose)
200 g Löffelbiskuits
Kakaopulver zum Bestäuben

Zubereitung:

1 Die Eigelbe mit der Hälfte des Puderzuckers im heißen Wasserbad hell-schaumig aufschlagen. Vom Wasserbad nehmen und den Mascarpone unterrühren.

2 Die Sahne halbsteif schlagen. Die Eiweiße mit dem restlichen Puderzucker steif schlagen und unter die Sahne heben. Den Sahneschnee unter die Mascarponecreme heben und mit der Hälfte des Pfirsichlikörs abschmecken.

3 Zum Fertigstellen die Erdbeeren waschen, putzen und in Scheiben schneiden. Die Pfirsiche auf einem Sieb abtropfen lassen, dabei den Saft auffangen. Die Pfirsiche in Scheiben schneiden. 350 ml Pfirsichsaft abmessen und mit dem restlichen Pfirsichlikör abschmecken.

4 Die Hälfte der Löffelbiskuits kurz in den Pfirsichsaft tauchen und dicht nebeneinander in eine rechteckige Auflaufform schichten. Ein Drittel der Mascarponecreme und jeweils die Hälfte der Pfirsiche und Erdbeeren darauf verteilen. Die restlichen Löffelbiskuits auf den Früchten verteilen, mit einem weiteren Drittel Creme bestreichen und mit den übrigen Pfirsichen und Erdbeeren belegen. Die restliche Mascarponecreme als letzte Schicht darauf verteilen und durch ein feines Sieb mit Kakaopulver bestäuben. Das Tiramisu im Kühlschrank mehrere Stunden durchziehen lassen.

5 Zum Anrichten das Tiramisu in Portionen teilen, aus der Form heben und auf Desserttellern servieren.

Der **Meister**-Tipp

Damit sich der Mascarpone leichter verarbeiten lässt, nimmt man ihn am besten 1 bis 2 Stunden vor Gebrauch aus dem Kühlschrank.

Dukatenbuchteln
mit Holunderragout

Zutaten für 10 Personen:

Für die Dukatenbuchteln:

180 ml Milch · 30 g Hefe
450 g Mehl · 75 g Zucker
3 Eigelb · 1 TL Mandellikör (z. B. Amaretto)
1 EL Rum · Salz
Mark von 1 Vanilleschote
1 TL abgeriebene unbehandelte Zitronenschale
75 g weiche Butter
Mehl zum Bearbeiten
75 g Powidl (Pflaumenmus)
100 g Butter zum Schwenken
Puderzucker zum Bestäuben

Für das Holunderragout:

1 EL Speisestärke
200 ml Rotwein · 100 g Zucker
200 g reife Holunderbeeren
½ Vanilleschote
2 cm Zimtrinde
je 1 Streifen unbehandelte Zitronen- und Orangenschale
1 Birne (ca. 200 g)
200 g Pflaumen
1 TL Zitronensaft

Zubereitung:

1 Für die Dukatenbuchteln die Milch auf 30 °C erhitzen und die Hefe darin auflösen. Die Hefemilch mit Mehl, Zucker, Eigelben, Mandellikör, Rum, 1 Prise Salz, Vanillemark und Zitronenschale zu einem Teig verkneten. Die Butter hinzufügen und einige Minuten weiterkneten, bis ein geschmeidiger Teig entstanden ist. In eine Schüssel geben und zugedeckt an einem warmen Ort etwa 30 Minuten gehen lassen.

2 Den Teig aus der Schüssel nehmen und auf der Arbeitsfläche kurz durchkneten. Mit etwas Mehl zu einer dicken Rolle formen, in Scheiben schneiden und leicht flach drücken. In die Mitte jeder Teigscheibe etwas Powidl geben, mit Teig umhüllen und mit angefeuchteten Händen zu Kugeln formen.

3 Die Butter in einer Pfanne bei milder Hitze zerlassen und die Kugeln darin portionsweise schwenken. Nebeneinander in einen entsprechend großen Bräter oder eine Auflaufform setzen und den Teig nochmals 15 Minuten gehen lassen. Den Backofen auf 180 °C vorheizen.

4 Die Dukatenbuchteln im vorgeheizten Ofen auf der unteren Schiene 35 Minuten goldbraun backen. Aus dem Ofen nehmen, leicht abkühlen lassen und mit Puderzucker bestäuben.

5 Für das Holunderragout die Speisestärke mit 2 EL Rotwein glatt rühren. Den restlichen Rotwein und den Zucker in einem Topf bei mittlerer Hitze zum Kochen bringen. Die Stärke unterrühren und bei milder Hitze 4 bis 5 Minuten köcheln lassen. Die Holunderbeeren verlesen und waschen. Mit Vanilleschote, Zimt, Zitronen- und Orangenschale in den Topf geben und 3 Minuten mitgaren.

6 Die Birne schälen, vierteln, entkernen und in dünne Spalten schneiden. Die Pflaumen waschen, halbieren, entsteinen und ebenfalls in dünne Spalten scheiden. Die Birnen und die Pflaumen kurz im Holunderragout dünsten. Das Ragout mit Zitronensaft abschmecken und etwas abkühlen lassen. Die ganzen Gewürze entfernen und die Dukatenbuchteln mit dem Holunderragout auf Desserttellern anrichten.

Apfelkuchen
mit Mandelbaiser

Zutaten für 1 Backblech:

Für den Belag:

1,2 kg Äpfel
1 EL Zitronensaft
2 EL Rumrosinen

Für den Rührteig:

200 g weiche Butter
100 g Zucker · 1 EL Rum
1/2 TL »Schuhbecks Apfelkuchengewürz« (ersatzweise 1/2 TL Zimt- und 1 Prise Nelkenpulver)
2 Eier · 3 Eigelb
225 g Mehl · 50 g Speisestärke
2 TL Backpulver · 4 EL Milch
Butter und Mehl für das Blech

Für das Mandelbaiser:

3 Eiweiß · Salz
150 g Zucker
100 g geröstete Mandelblättchen

Zubereitung:

1 Für den Belag die Äpfel schälen, halbieren, entkernen und auf der Gemüsereibe raspeln. Die Äpfel mit dem Zitronensaft und den Rumrosinen mischen.

2 Für den Rührteig den Backofen auf 200 °C vorheizen. Die Butter mit dem Zucker, dem Rum und dem Apfelkuchengewürz in einer Schüssel verrühren. Nach und nach die Eier und die Eigelbe unterrühren und einige Minuten zu einer hell-schaumigen Masse schlagen. Das Mehl mit der Speisestärke und dem Backpulver auf die Buttermasse sieben und mit der Milch unterheben.

3 Ein Backblech mit Butter einfetten und mit Mehl bestäuben, den Rührteig darauf verteilen und glatt streichen. Die Apfel-Rosinen-Mischung gleichmäßig auf dem Teig verteilen und im vorgeheizten Ofen auf der mittleren Schiene 20 Minuten backen.

4 Für das Mandelbaiser die Eiweiße mit 1 Prise Salz und dem Zucker steif schlagen. Die Mandelblättchen unter den Eischnee heben. Den Apfelkuchen aus dem Ofen nehmen und das Mandelbaiser gleichmäßig über die Äpfel verteilen. Im Backofen weitere 15 bis 20 Minuten backen.

5 Den Kuchen noch lauwarm in Stücke schneiden, nach Belieben mit Puderzucker bestäuben und mit geschlagener Sahne servieren.

Der Meister-Tipp

Der Kuchen schmeckt besonders saftig und fein, wenn Sie die Hälfte der geraspelten Äpfel durch Birnen ersetzen.

Birnen-Gewürzkuchen
mit Haselnüssen

Zutaten für 1 Springform:

140 g weiche Butter
140 g Zucker
Mark von 1 Vanilleschote
4 Eier
80 g Zartbitterkuvertüre
50 g Semmelbrösel
150 g geriebene Haselnüsse
1 EL »Schuhbecks Kaffeegewürz« (ersatzweise je 1 TL Zimt-, Nelken- und Kardamompulver)
Salz
450 g Birnenhälften (aus der Dose)
Butter und Mehl für die Form
50 g Aprikosenkonfitüre
3 EL geröstete Mandelblättchen

Zubereitung:

1 Den Backofen auf 175 °C vorheizen. Die Butter mit der Hälfte des Zuckers und dem Vanillemark in einer Schüssel cremig rühren. Die Eier trennen, die Eigelbe nach und nach unter die Buttermasse rühren und hell-schaumig schlagen.

2 Die Kuvertüre grob raspeln und mit den Semmelbröseln, den Nüssen und dem Kaffeegewürz mischen. Die Eiweiße mit 1 Prise Salz und dem restlichen Zucker steif schlagen und mit der Bröselmischung nach und nach unter die Butterschaummasse heben. Die Birnen auf einem Sieb abtropfen lassen und in breite Spalten schneiden.

3 Eine Springform mit Butter einfetten und mit Mehl bestäuben. Den Teig einfüllen und die Oberfläche glatt streichen. Die Birnenspalten nebeneinander darauf legen und leicht in den Teig drücken. Den Birnenkuchen im vorgeheizten Ofen auf der unteren Schiene 55 bis 60 Minuten backen.

4 Den Kuchen herausnehmen, kurz abkühlen lassen und aus der Form lösen. Die Aprikosenkonfitüre mit 2 EL Wasser in einem kleinen Topf erhitzen und mit dem Stabmixer glatt rühren. Den heißen Kuchen damit glasieren und die Mandelblättchen darüber streuen.

Der Meister-Tipp

Der Kuchen erhält ein besonders feines Aroma, wenn man die geriebenen Haselnüsse in einer beschichteten Pfanne ohne Fett hell anröstet. Bevor sie in die Masse gegeben werden, lässt man sie abkühlen.

Schokoladen-Kirsch-Strudel
mit Rumsahne

Zutaten für 4 Personen:

Für den Strudelteig:

200 g Mehl
Salz · 45 ml Öl
Öl zum Bestreichen

Für die Füllung:

500 g Herz- oder Schwarzkirschen (ersatzweise 400 g entsteinte Kirschen aus dem Glas)
50 g Semmelbrösel
25 g fein geriebene Mandeln
3 EL Butter · 50 g Zucker
Zimtpulver
80 g gehackte Zartbitterschokolade
Saft von 1/2 Zitrone

Für den Strudel:

Mehl zum Aufrollen
ca. 60 g flüssige Butter zum Bestreichen
Puderzucker zum Bestäuben

Für die Rumsahne:

150 g Sahne
1–2 EL Puderzucker
einige Tropfen Rum

Zubereitung:

1 Für den Strudelteig das Mehl mit 100 ml lauwarmem Wasser, 1 Prise Salz und dem Öl zu einem glatten Teig kneten. Die Teigkugel auf einen mit Öl bestrichenen Teller legen, ebenfalls mit Öl bestreichen und mit Frischhaltefolie bedeckt bei Zimmertemperatur mindestens 1 Stunde ruhen lassen.

2 Für die Füllung die Kirschen waschen, halbieren und entsteinen. Die Semmelbrösel und die Mandeln in einer großen beschichteten Pfanne ohne Fett bei mittlerer Hitze anrösten, die Butter dazugeben und zerlassen. 2 EL Zucker und 1 Prise Zimt hinzufügen und die Butterbrösel unter Rühren goldbraun rösten. Anschließend sofort aus der Pfanne nehmen. Mit den Kirschen, dem restlichen Zucker und der Schokolade mischen, mit Zitronensaft abschmecken.

3 Für den Strudel den Backofen auf 220 °C vorheizen. Den Strudelteig auf einem bemehlten Tuch über den Handrücken ausziehen und mit Butter bestreichen. Die Kirschbrösel an der Längsseite auf dem Teig verteilen. Den Strudelteig mithilfe des Tuches einrollen, mit der Nahtseite nach unten auf ein mit Backpapier ausgelegtes Backblech setzen und im vorgeheizten Ofen auf der mittleren Schiene etwa 15 Minuten backen. Mit Puderzucker bestäuben und einige Minuten weiterbacken, bis der Zucker leicht karamellisiert ist.

4 Für die Rumsahne die Sahne mit dem Puderzucker zu einer sämigen Sauce aufschlagen und mit Rum abschmecken. Zum Anrichten den Schokoladen-Kirsch-Strudel in Stücke schneiden und mit der Rumsahne auf Desserttellern servieren.

Bildnachweis

Rückseite: Hans Rauchensteiner (links oben),
Susie Eising (Foodfotos unten)
Fußball-Szenen auf den Aufmacherseiten:
imago sportfotodienst GmbH: S. 8, 104, 156;
Hans Rauchensteiner: S. 30, 60, 82, 126

Lust auf Kochen und mehr?

Am Platzl, dem berühmtesten Platz Münchens, liegen nicht nur mein Sterne-Restaurant und meine Delikatessen-Bar, sondern auch mein Gewürzladen. Hier finden Sie alles, was ihr kulinarisches Herz begehrt: zum Beispiel selbst gemachte Gewürzmischungen für Gulasch, Blaukraut oder Hendl. Sie können sich aber auch Ihre ganz persönliche Mischung zusammenstellen lassen.

Am Platzl ist auch meine Kochschule zu finden. Informieren Sie sich entweder per Internet, Telefon oder auch gern persönlich über unsere Angebote.

Meine Gewürzmischungen können Sie im Internet oder per Post bestellen:
www.schuhbeck.de
oder
Schuhbecks, Am Platzl 6+8
80331 München
Tel.: 089/2166900